손금풀이 도해

알려드립니다 ___

이 책에 들어있는 손금 그림 및 손금풀이 해설(손금 명칭 및 표현방식 등)은 창작물이므로, 무단 전재 및 복제를 금합니다. 필요 시 저자의 서면 허락을 받아야 합니다.

손금풀이 도해

초판 1쇄 인쇄일	2021년 8월 6일
초판 1쇄 발행일	2021년 8월 13일
지은이	손재찬
펴낸이	최길주
펴낸곳	도서출판 BG북갤러리
등록일자	2003년 11월 5일(제318-2003-000130호)
주소	서울시 영등포구 국회대로72길 6, 405호(여의도동, 아크로폴리스)
전화	02)761-7005(代)
팩스	02)761-7995
홈페이지	http://www.bookgallery.co.kr
E-mail	cgjpower@hanmail.net

ⓒ 손재찬, 2021

ISBN 978-89-6495-223-8 03180

* 저자와 협의에 의해 인지는 생략합니다.
* 잘못된 책은 바꾸어 드립니다.
* 책값은 뒤표지에 있습니다.

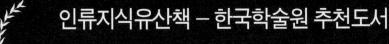
인류지식유산책 – 한국학술원 추천도서

소질발견 및 성격분석과 운(運)진단

손금풀이 도해

도사 손재찬 著

BG 북갤러리

책 소개 글

사람의 '운명표시 손금'은 태어날 때부터 약 7개에서 100개 이상까지 생겨지고, 손금선의 종류는 약 50가지로 분류하며, 타고난 소질 및 성격과 운(運)을 포함하여 약 1,000가지의 '상세운'으로 분석 및 진단하여 사람 개인의 타고난 평생운명을 정확히 감정을 하고, 앞날운을 정확히 예측해 낼 수 있습니다.

지문은 전 세계인 80억 명이 모두가 다르고, 손금은 전 세계인 800억 명이 모두가 다르기 때문에 사람 개인의 지문과 손금은 과학적으로 너무나 정확하다는 것을 인정하고 있고, 손금의 데이터공학은 너무나 정확하며, 손도사 손금풀이는 동양인 및 서양인과 세계 모든 민족 및 사람들에게 '공통적용'을 할 수 있고, 사람 개인의 소질발견 및 성격분석과 운(運)을 동시에 함께 정확히 비교판단 '운명자가진단'을 해 볼 수 있습니다.

손도사 손금풀이는 30년 이상 사람의 '운명학'을 연구하고 또한 10만

명 이상 사람의 사주 및 얼굴과 손금 등을 비교분석 운명진단 및 운명상 담을 직접 해오면서 '검증'이 되었고, 손도사는 손금풀이 세계 1등으로 레전드 전설이 되었으며 구글 및 유튜브와 네이버 등에 2021년 7월 기 준으로 총 조회수 약 300만 이상의 도사작가입니다.

사람 개인의 운명감정은 사주풀이 · 얼굴관상 · 손금풀이 등이 있고, 병 원에서 태어난 사람들과 태어난 시간을 정확히 모르는 사람들은 사주풀 이보다는 '손금풀이'를 더욱 중요시 해야 하고, 세상에서 가장 정확한 도 사 손재찬의 《손금풀이 도해》는 책 속의 손금그림과 실제 손의 손금그림 을 비교해 보면서 사람 개인의 타고난 소질발견 및 성격분석과 공부운 · 직업운 · 연애운 · 결혼운 · 금전운 · 재물운 · 성공운 · 출세운 그리고 수 명운까지 등 약 100가지의 '개인 상세운'을 자가진단 해 볼 수 있는 정말 로 귀중한 인류지식유산의 운명정보제공입니다.

손금풀이 레전드 세계 1등 손도사(道人 겸 神人)는 이 세상에 왔다 가면 서 전세계인 공통적용 《손도사 손금풀이》를 '인류지식유산'으로 남기고, 책으로 엮어 세상에 공개하는 바입니다……

이 책의 제2부에는 '손재찬 도사 어록 880가지'를 함께 실어 놓았습니다.

1억 원 가치 운명정보책 《손금풀이 도해》를 진심으로 추천드립니다.

세계 1등 손금풀이와 사주관상 운명진단가 도사 손재찬 씀.

차례

제1부

손도사 손금풀이
운명자가진단

1) 손금풀이의 총론 및 기본해설

손바닥은 인체의 뇌구성 약 3억 개의 신경세포와 연결이 되어 있고, 손금은 어머니 뱃속에서부터 생기기 시작하고, 태어날 때부터 약 7개에서 100개 이상까지 계속 생겨지며, 손금선의 종류는 약 50가지로 분류하고, 타고난 '소질발견 및 성격분석과 운(運)'을 약 1,000가지 '상세운'으로 분석진단을 해서 사람 개인의 타고난 '평생운명'을 정확히 감정을 하고, 앞날운을 정확히 예측해 낼 수 있습니다.

태어날 때부터 생겨있거나 굵은 손금은 '선천운'을 나타내고, 살아가면서 생겨지거나 가느다란 손금 및 가지선들은 '변화운 및 후천운'을 나타내며, 수직손금과 상향손금 및 상향가지선은 '좋은 운'을 나타내고, 가로막은 손금 및 끊어진 손금과 하향손금 및 하향가지선 · 열십자문양 · 섬문양 등은 '나쁜 운'을 나타내며, 왼손과 오른손이 많이 다르면 소질 및 성격의 이중성과 큰 변화운을 나타냅니다.

사람의 지문과 손금은 과학적으로 너무나 정확하다는 것을 인정하고 있고, 손금의 데이터공학은 너무나 정확하며, 《손도사 손금풀이》는 동양인 및 서양인과 세계 모든 민족 및 사람들에게 '공통적용'을 할 수 있고, 개인의 타고난 '소질발견 및 성격분석과 운(運)'을 100%까지 정확히 동시에 함께 진단 및 감정을 해 볼 수 있습니다.

　손도사 손금풀이는 30년 이상 사람의 '운명학'을 연구하고 또한 10만 명 이상 사람의 사주와 얼굴 그리고 손금 등을 비교분석 및 운명감정을 직접 해 오면서 '검증'이 된 손금풀이의 세계인류지식유산 수상학의 귀중한 학술연구자료 겸 운명정보이고, 현재 손도사는 손금풀이 세계 1등으로서 이미 레전드가 되었으며, 인류공영의 홍익정신으로 세상에 공개를 하고 책으로 남기는 것입니다……

　손도사 손금풀이를 보는 방법은 가장 먼저 '2) 손도사 손금풀이의 그림과 명칭들' 장의 손금 그림과 전체 손금 명칭이 함께 표시된 곳에서 번호에 따른 손금 그림과 손금 명칭들을 여러 번씩 보고 읽으면서 숙지를 좀 하시고, 그리고나서 처음부터 번호 순서대로 한 장씩 자세히 봐주시고, 책 속의 손금 그림과 실제 손바닥의 손금이 똑같이 생겨있거나 또는 비슷하게 생겨있는 손금은 '그림과 해설'을 자세히 봐주시길 바랍니다~.

　먼저 본인 자신의 손금을 책 속의 손금과 비교판단을 해 보면서 확인이 되고 손금을 볼 수 있는 안목이 생기면, 배우자와 부모님 및 자녀들 그리고 친구 및 이해관련이 있거나 경쟁을 하는 등 관심있는 사람들의 실제 손금을 봐보기도 하면서 운명천기누설 《손금풀이 도해》 책을 잘 활용하시길 바랍니다.

　그리고, 1억 원 가치의 운명정보 제공을 해 주는 이 보물책은 평생 동안 항상 곁에 두시기 바랍니다. 왜냐하면 손금은 정확히 타고나고, 인생 중간에 좋게 또는 나쁘게 바뀌어가기도 하기 때문에 1년에 한 번씩 '변화운 확인'이 꼭 필요합니다…….

손금풀이는 기본적으로 손바닥의 '8구역별 의미'를 잘 알아야 하고, 손금이 생겨있는 위치와 손금의 출발점 및 뻗치는 방향을 잘 살펴야 하며, 좋은 손금과 나쁜 손금을 정확히 '구별'을 잘해야 하는바 수직손금과 상향손금 및 상향가지선은 '좋은 손금'이고, 가로막은 손금 및 끊어진 손금과 하향손금 및 하향가지선·열십자문양·섬문양 등은 '나쁜 손금'이며, 왼손과 오른손이 많이 다르게 생겨있으면 소질 및 성격의 이중성과 큰 변화운을 나타내고, 선명하고 기다랗고 개수가 많이 생겨있을수록 의미가 강함을 꼭 참고바랍니다~.

《손금풀이 도해》는 세상에서 가장 귀중한 책이고, 모든 학생들과 직장인들과 어른들이 함께 '21세기 필독서'임을 꼭 전달드리면서 직접 내용을 확인해 보시길 알려드립니다…….

2) 손도사 손금풀이의 그림과 명칭들

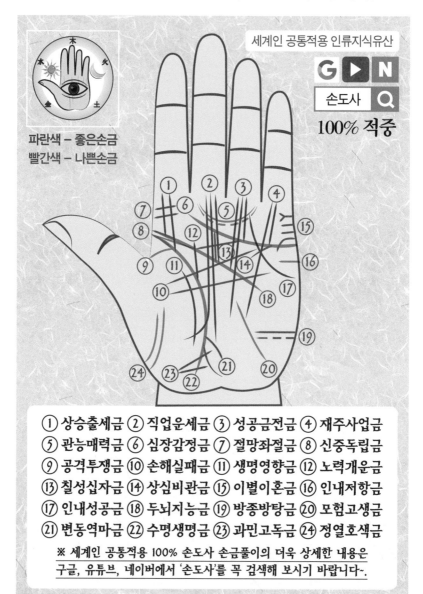

세계인 공통적용 인류지식유산

손도사 Q

100% 적중

파란색 – 좋은손금
빨간색 – 나쁜손금

① 상승출세금 ② 직업운세금 ③ 성공금전금 ④ 재주사업금
⑤ 관능매력금 ⑥ 심장감정금 ⑦ 절망좌절금 ⑧ 신중독립금
⑨ 공격투쟁금 ⑩ 손해실패금 ⑪ 생명영향금 ⑫ 노력개운금
⑬ 칠성십자금 ⑭ 상심비관금 ⑮ 이별이혼금 ⑯ 인내저항금
⑰ 인내성공금 ⑱ 두뇌지능금 ⑲ 방종방탕금 ⑳ 모험고생금
㉑ 변동역마금 ㉒ 수명생명금 ㉓ 과민고독금 ㉔ 정열호색금

※ 세계인 공통적용 100% 손도사 손금풀이의 더욱 상세한 내용은
구글, 유튜브, 네이버에서 '손도사'를 꼭 검색해 보시기 바랍니다~.

3) 손금풀이 8구역의 그림과 명칭들

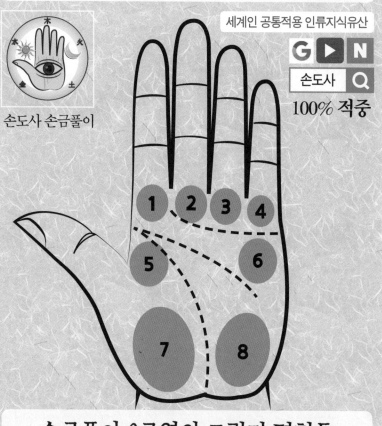

손금풀이 – 소질발견 및 성격분석과 운(運)진단

손도사 손금풀이

세계인 공통적용 인류지식유산

G ▶ N

손도사 Q

100% 적중

손금풀이 8구역의 그림과 명칭들

1. 권력구 2. 일복구 3. 성공구 4. 사업구

5. 공격구 6. 저항구 7. 체력구 8. 정신구

4) 손금풀이의 정확한 유년법의 그림과 해설

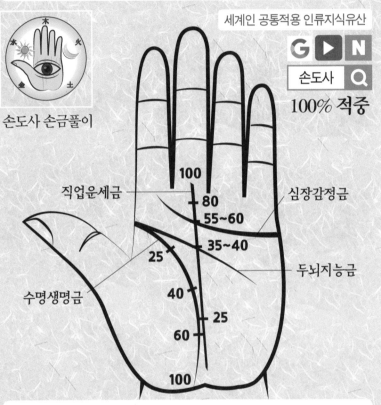

손금풀이 – 소질발견 및 성격분석과 운(運)진단

손도사 손금풀이

세계인 공통적용 인류지식유산

G ▶ N

손도사 Q

100% 적중

직업운세금

100
80
55~60
35~40
25

심장감정금

두뇌지능금

수명생명금

40
25
60
100

손금풀이로 운명진행을 나이 흐름의 유년법으로 판단할 때 수명생명금과 직업운세금이 가장 정확하고, 특히 직업운세금으로 유년판단을 할 때는 두뇌지능금의 높낮이와 심장감정금의 높낮이에 따라서 개인별은 약 5년까지 나이 차이가 있음을 꼭 참고바랍니다.

5) 기본 3대손금과 세로 4대손금의 명칭들

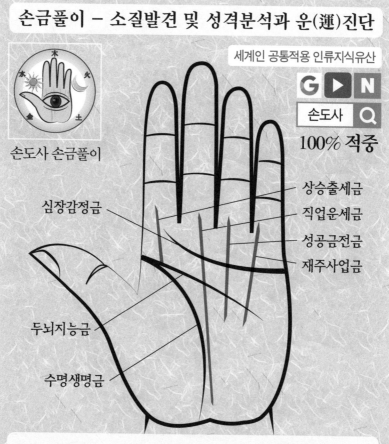

손금풀이 – 소질발견 및 성격분석과 운(運)진단

손도사 손금풀이

세계인 공통적용 인류지식유산

G ▶ N
손도사 Q
100% 적중

상승출세금
직업운세금
성공금전금
재주사업금

심장감정금

두뇌지능금

수명생명금

모든 사람에게는 검정색으로 표시한 기본 3대손금과 빨간색으로 표시한 세로 4대손금(4천왕 손금)이 가장 중요하고, 7개의 필수 손금은 일·월·화·수·목·금·토의 기운으로 생기며, 7개의 손금들이 기다랗게 많이 생겨있을수록 운세가 강함을 나타냅니다.

① 상승출세금

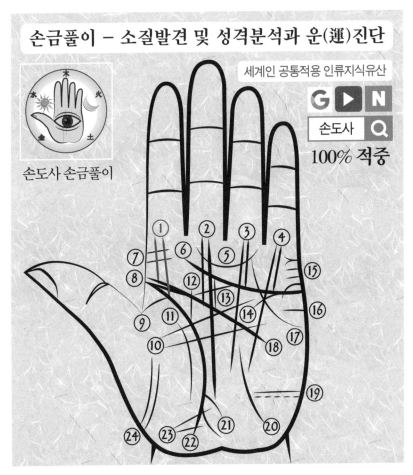

손금풀이 – 소질발견 및 성격분석과 운(運)진단

세계인 공통적용 인류지식유산

G ▶ N

손도사 Q

100% 적중

손도사 손금풀이

①번 손금이 검지 아래에 그림처럼 기다랗게 생겨있으면, 강한 향상심 · 야망심 · 강한 성취욕구 · 상승운 · 출세운 · 권세 등을 나타내는 좋은 손금이고, ①번 손금의 출발점이 두뇌금에서 출발 또는 생명금에서 출발 또는 떨어져 단독으로 출발 등에 따라서 조금씩 다르게 손금풀이를 합니다.
①번 상승출세금이 안 생겨있는 사람은 결코 성공출세를 못합니다.

② 직업운세금(평생 동안의 사회경제활동운)

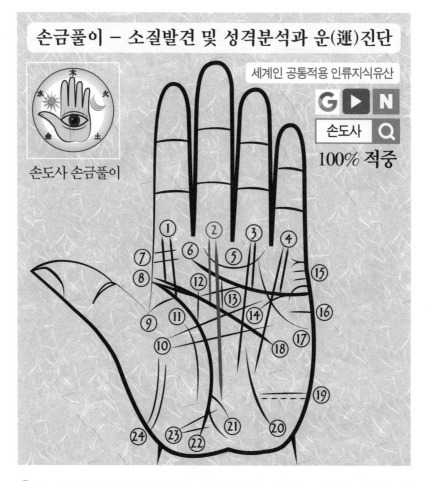

손금풀이 – 소질발견 및 성격분석과 운(運)진단

세계인 공통적용 인류지식유산

G ▶ N

손도사 Q

100% 적중

손도사 손금풀이

②번 손금은 중지손가락을 향한 모든 손금을 가리키고, 직업·운세·취업운·일복·직장생활·퇴직운·근면성실·의지력·사회경제활동력 등의 운을 나타내는 좋은 손금이고, ②번 손금과 수직손금 및 상향손금들이 기다랗게 생겨있는 사람을 가까이하시기 바랍니다.

②번 손금이 짧거나 안 생겨있으면 평생 동안 직업운세가 약합니다.

②-1 직업운세금(일찍부터 자립형)

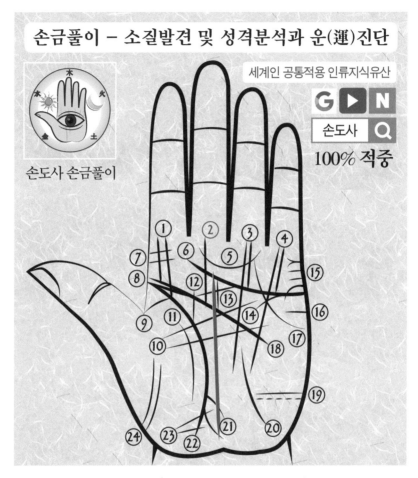

②-1번 직업운세금이 손바닥 아래부위 손목금 근처에서 출발하여 굵고 기다란 ⑥번 심장감정금쯤까지 그림처럼 기다랗게 생겨있으면, 주인공 기질이 있고 자립심이 강하고 일찍 어린 나이 때부터 알바 등 생계형 일고생과 일찍부터 직장생활을 시작하게 됨을 나타냅니다.

②-2 직업운세금(늦게 직업운이 열리는 형)

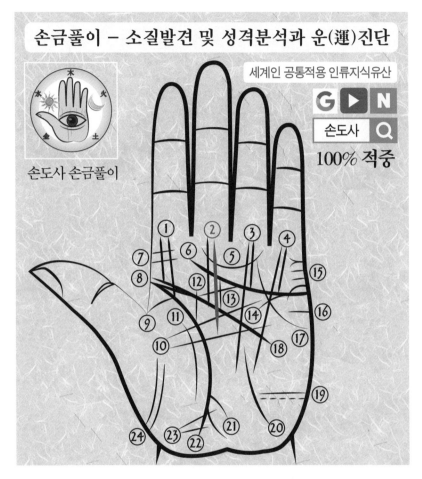

손금풀이 – 소질발견 및 성격분석과 운(運)진단

세계인 공통적용 인류지식유산

G ▶ N

손도사 Q

100% 적중

손도사 손금풀이

②-2번 직업운세금이 손바닥 아래쪽에는 안 생겨있고 손바닥 중간부위에서 윗쪽으로만 그림처럼 생겨있으면, 30대 중반쯤의 나이가 되어서 늦게 직업운이 열리게 되고 늦게 취업 및 직장운과 사회경제활동운이 열리게 됨을 나타냅니다. 혹시나 ②번 손금이 중지마디금까지 닿아있으면 노년까지 일하게 됨을 나타냅니다.

②-3 직업운세금(안정 및 부모 도움을 받는 형)

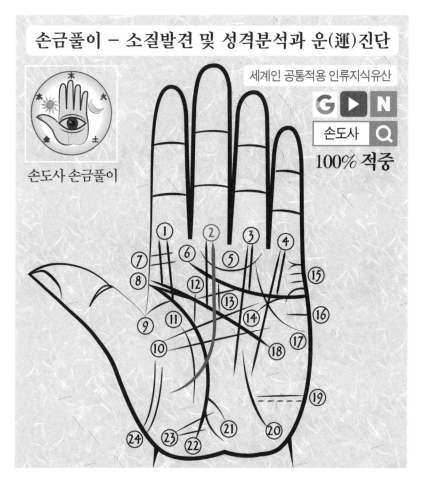

②-3번 직업운세금이 굵고 기다란 손금 ㉒번 수명생명금의 안쪽에서
출발하여 중지손가락을 향해 그림처럼 상향금이 기다랗게 생겨있으면 부
모조상님과의 유대관계가 깊고 부모친족의 큰 도움으로 안전한 인생을 살
아가게 됨을 나타내는 좋은 손금이고, 짧게 생겨있으면 부모친족의 작은
도움을 나타냅니다.

②-4 직업운세금(모험 및 타인 도움을 받는 형)

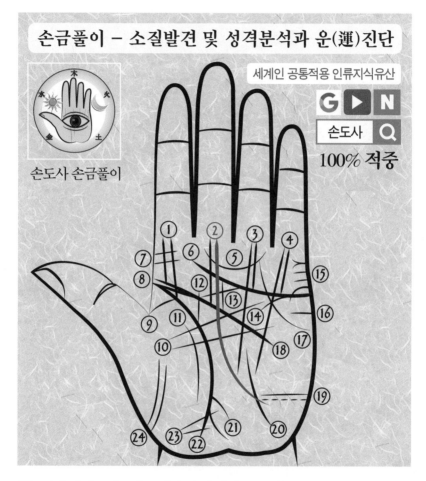

손금풀이 – 소질발견 및 성격분석과 운(運)진단

세계인 공통적용 인류지식유산

손도사 손금풀이

100% 적중

②-4번 직업운세금이 손바닥 아래 바깥쪽 부위에서 중지손가락을 향해 기다랗게 그림처럼 상향금이 쭉 벋쳐오른 모양으로 생겨있으면, 일찍부터 집을 나가 끝없는 도전으로 '모험 인생'을 살게 되고, 이성들 및 타인들의 도움 등으로 크게 성공하게 됨을 나타냅니다.

②-5 직업운세금(직업 · 직장 자주 변동형)

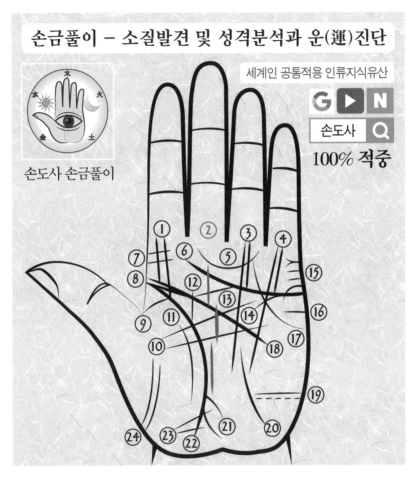

손금풀이 – 소질발견 및 성격분석과 운(運)진단

세계인 공통적용 인류지식유산

손도사

100% 적중

손도사 손금풀이

②-5번 직업운세금이 중지손가락을 향해 올라가는 중에 그림처럼 2~3 곳이 끊겨있거나 또는 벌어진 모양으로 생겨있으면, 대체로 의지력과 신념이 약하고 직업운세가 약하여 직장 및 직업의 변동수가 많이 따르게 됨을 나타내고, 손바닥 윗쪽에 직업운세금이 안 생겨있는 사람은 60살 이후와 노년 인생 불안정을 나타냅니다.

②-6 직업운세금(평생 일 고생형)

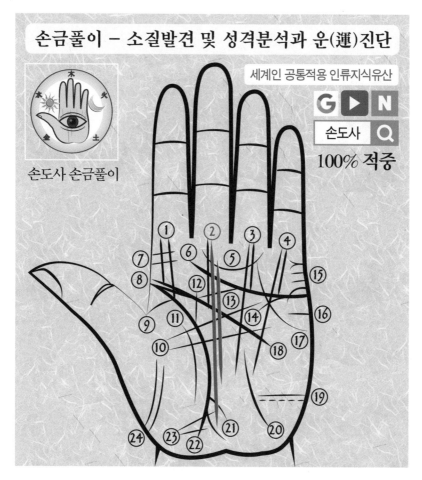

손금풀이 - 소질발견 및 성격분석과 운(運)진단

세계인 공통적용 인류지식유산

G ▶ N

손도사 Q

100% 적중

손도사 손금풀이

②-6번 직업운세금이 그림처럼 2개가 나란히 기다랗게 생겨있으면, 두 가지 종류의 일을 동시에 해낼 만큼 의지가 강하고 일복과 직업운세가 강함을 나타내고, ②-6번 직업운세금이 그림처럼 손바닥 가운데에 아주 기다랗게 생겨있으면, 근면성실과 생계책임자로서 젊은 나이 때부터 늙어 죽을 때까지 '평생 일 고생'을 나타냅니다.

②-7 직업운세금(자기 노력으로 중년에 성공형)

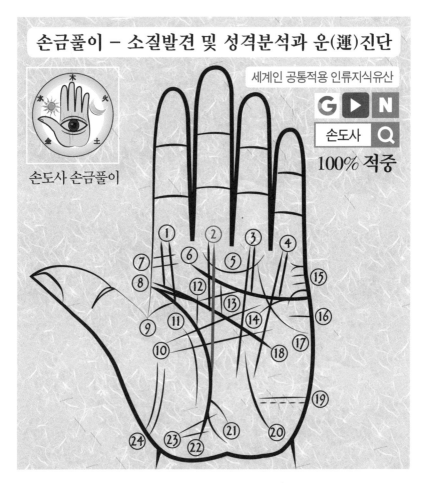

②-7번 직업운세금이 굵은 손금 ㉒번 수명생명금의 중간지점 아래의 수명생명금에서 중지손가락을 향해 기다랗게 그림처럼 상향금이 생겨있으면, 중년 나이쯤에 후천운과 자기 노력으로 대기만성 및 인생역전 등으로 인생을 성공하게 됨을 나타내는 좋은 손금입니다.

③ 성공금전금

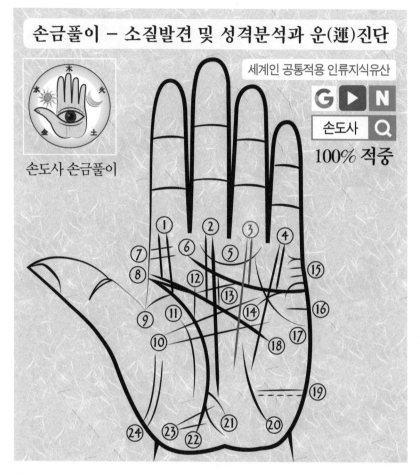

손금풀이 – 소질발견 및 성격분석과 운(運)진단

세계인 공통적용 인류지식유산

G ▶ N

손도사 Q

100% 적중

손도사 손금풀이

③번 손금은 약지손가락을 향한 모든 손금을 가리키고, 그림처럼 선명하고 기다랗게 생겨있으면, 인생의 행운·성공운·현금운·금전운·낙천성·인기운·명성운·인생만족감 등을 나타내는 좋은 손금이고, ③번 성공금전금이 안 생겨있는 사람은 평생 동안 운세가 약하여 결코 성공출세와 부자가 될 수 없습니다.

③-1 성공금전금(일찍 성공하는 형)

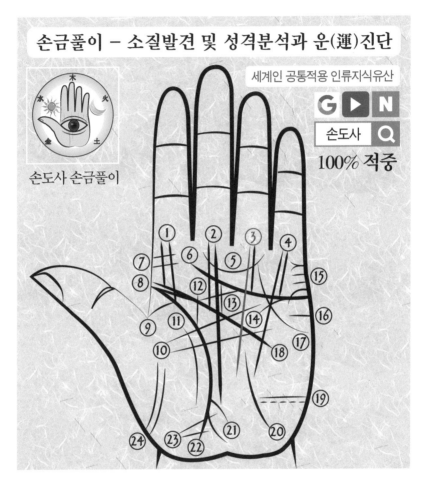

손금풀이 - 소질발견 및 성격분석과 운(運)진단

손도사 손금풀이

세계인 공통적용 인류지식유산

G ▶ N

손도사 Q

100% 적중

③-1번 성공금전금이 그림처럼 손바닥 아래부위에서 출발하여 약지손가락 쪽을 향하여 수직으로 기다랗게 생겨있으면, 우수한 두뇌와 긍정성 및 낙천성으로 젊은 나이 때에 크게 성공을 하게 되고, 금전운 및 명성과 명예가 따르게 되며 이성들로부터 인기도 좋음을 나타내는 '행운의 손금'입니다.

③-2 성공금전금(늦게 성공하는 형)

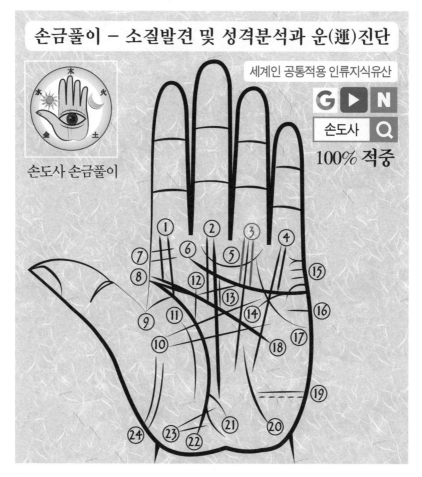

손금풀이 – 소질발견 및 성격분석과 운(運)진단

세계인 공통적용 인류지식유산

G ▶ N

손도사 Q

100% 적중

손도사 손금풀이

③-2번 성공금전금이 손바닥 위쪽의 굵고 기다란 ⑥번 심장감정금 위 부위 약지손가락 아래에 그림처럼 1~2개가 선명하게 생겨있으면, 나이 들어가면서 성공을 하게 되고, 고정적으로 임대수익·배당수익 등 언제나 현금 및 금전이 계속 들어오면서 노년에 만족스럽게 잘 살게 됨을 나타내 는 좋은 손금입니다.

③-3 성공금전금(부모친족 도움으로 성공하는 형)

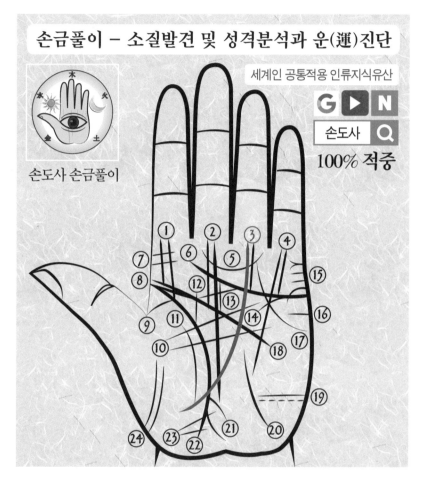

③-3번 성공금전금이 굵고 기다란 손금 ㉒번 수명생명금의 안쪽에서 출발하여 약지손가락을 향해 그림처럼 상향금이 기다랗게 생겨있으면, 부모조상님과 유대관계가 깊고 부모친족의 큰 도움받음으로 큰 성공을 하고 부자가 됨을 나타내는 '행운의 좋은 손금'입니다. 짧게 생겨있으면 부모친족의 특별한 보호받음을 나타냅니다.

③-4 성공금전금(타인들 도움으로 성공하는 형)

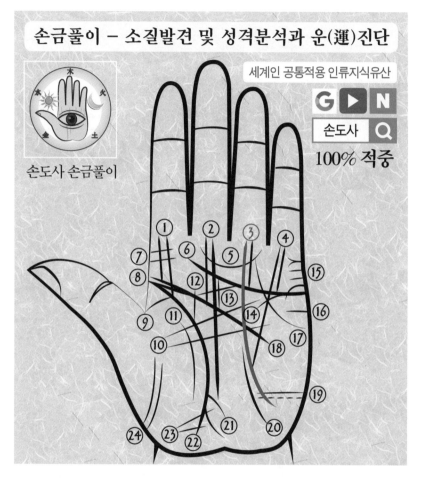

손금풀이 – 소질발견 및 성격분석과 운(運)진단

세계인 공통적용 인류지식유산

G ▶ N

손도사 Q

100% 적중

손도사 손금풀이

③-4번 성공금전금이 손바닥 아래부위 바깥쪽에서 출발하여 약지손가락을 향해 기다랗게 그림처럼 상향금이 쭉 뻗쳐오른 모양으로 생겨있으면, 젊은 나이 때부터 평생 동안을 '모험 인생'으로 살게 되고, 자기 직업에 성실하면서 타인들 도움으로 큰 성공을 하고 부자가 됨을 나타냅니다.

④ 재주사업금(기다란 형)

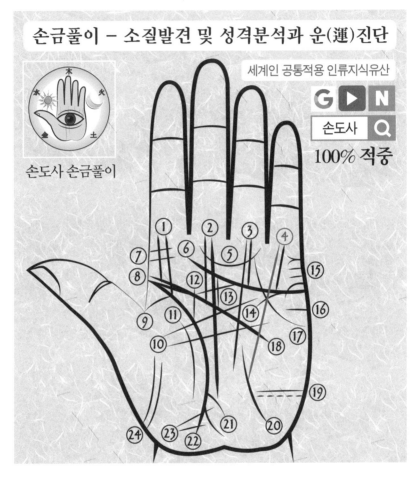

④번 손금은 소지손가락을 향한 모든 손금을 가리키고, 그림처럼 선명하고 기다랗게 ④번 재주사업금이 생겨있으면, 말재주·특별한 재주·강한 개성·수완성·기술성·지능성·상재성·자기본위·사업가 자질·사업운·재물운 등을 나타내는 좋은 손금이고, 젊은 나이 때부터 '개인 활동 및 개인사업' 쪽이 직업적성에 알맞습니다.

④-1 재주사업금(짧은 형)

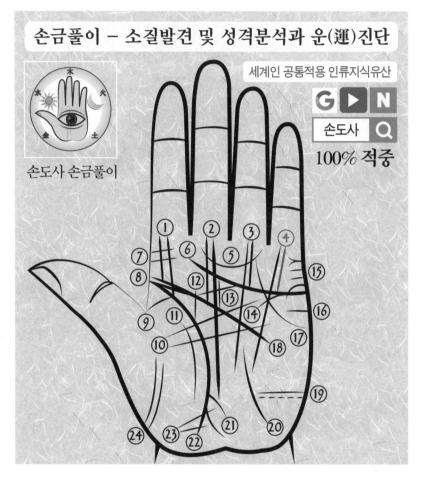

손금풀이 – 소질발견 및 성격분석과 운(運)진단

손도사 손금풀이

세계인 공통적용 인류지식유산

G ▶ N

손도사 Q

100% 적중

④-1번 재주사업금이 소지손가락 아래부위에 그림처럼 1~2개가 짧고 선명하게 생겨있으면, 개성·지능성·기술성·수완성이 좋고 특별한 재주가 있으니 '개인활동 또는 개인사업 및 개인장사' 쪽이 직업적성에 알맞고, 점점 나이 들면서 나아지게 됨을 나타냅니다.

⑤ 관능매력금(실선형)

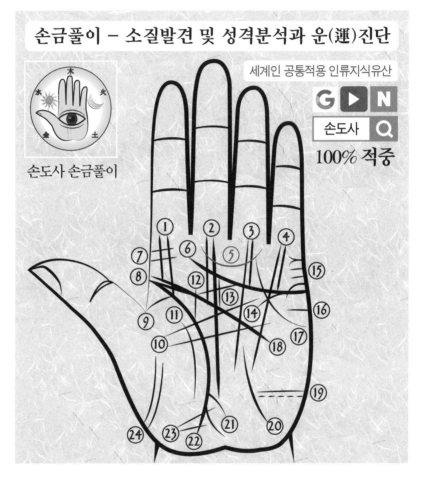

⑤번 손금은 중지와 약지 사이의 아래에 그림처럼 또는 비슷하게 생겨있는 반원 및 곡선 모양의 손금을 가리키고, 감수성 예민·미적 감각·색채감각·패션감각·유행감각·관능매력·성적인 조숙 및 이성에의 관심과 호색·성적매력이 강하고 예술이나 예능 및 연예인 끼 등이 강함을 나타냅니다.

⑤-1 관능매력금(토막형)

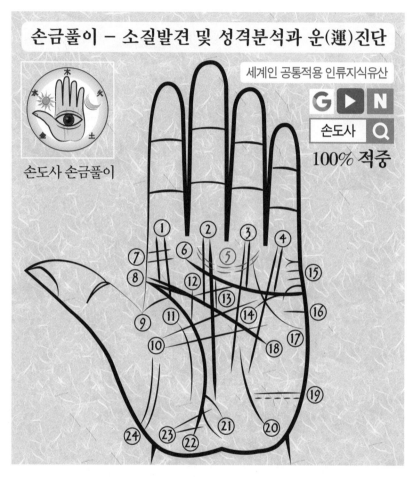

손금풀이 - 소질발견 및 성격분석과 운(運)진단

세계인 공통적용 인류지식유산

G ▶ N

손도사 Q

100% 적중

손도사 손금풀이

⑤-1번 관능매력금이 그림처럼 끊어진 모양으로 생겨있으면, 감수성 예민으로 신경질이 심하게 됨을 나타내고, 토막토막으로 헝크러져 있거나 또는 2~3가닥으로 생겨있으면, 지나친 성적 관능 및 색정이나 정욕 등으로 스캔들을 일으키는 등 오히려 운이 나쁘게 됨을 나타내는 나쁜 손금입니다. 감수성과 미적 감각 및 성적매력 등을 살려보길 바랍니다.

⑥ 심장감정금

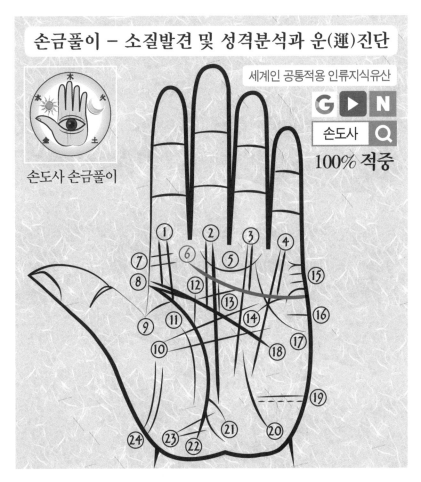

손금풀이 – 소질발견 및 성격분석과 운(運)진단

세계인 공통적용 인류지식유산

G ▶ N

손도사 Q

100% 적중

손도사 손금풀이

⑥번 굵고 기다란 손금은 심장·혈관계·감정·심성·감성·사랑운·애정성향·가정운·심장병 등을 나타내는 기본 3대손금이고, 그림처럼 중간에 끊어지거나, 흐트러지거나, 하향가지선이 없고 끝이 상향으로 기다랗게 생겨있어야 심장 및 혈관계통이 튼튼하고 감정 및 사랑운과 가정생활이 안정적임을 나타냅니다.

⑥-1 심장감정금(사랑의 순정형)

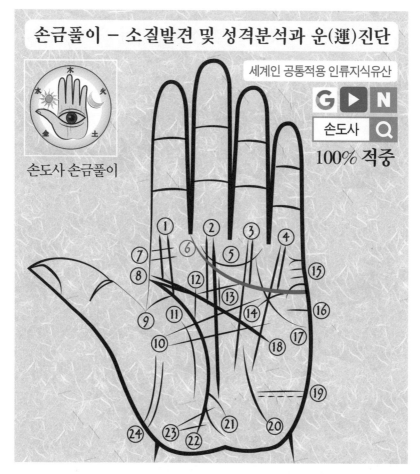

⑥-1번 심장감정금의 끝이 그림처럼 검지와 중지 사이로 흘러들어가는 모양으로 생겨있으면, 사랑과 연애를 시작할 때는 매우 신중하고, 한 번 결정을 한 후에는 애인과 배우자에게 진실로 애정과 사랑이 순진·순박·순정형임을 나타냅니다.

⑥-2 심장감정금(사랑의 독점형)

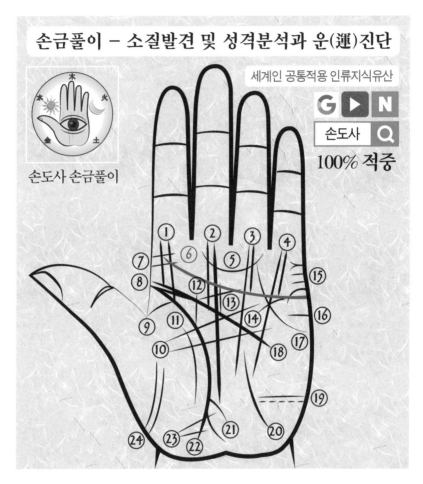

손금풀이 – 소질발견 및 성격분석과 운(運)진단

세계인 공통적용 인류지식유산

G ▶ N

손도사 Q

100% 적중

손도사 손금풀이

⑥-2번 심장감정금이 그림처럼 검지손가락 아래까지 매우 기다랗게 생겨있으면, 사랑과 애정의 감정이 매우 강하여 감정적으로 흐르기 쉽고 애정의 독점욕 및 질투심이 강하고, 특히 여성들은 목숨까지도 걸게 됨을 나타냅니다.

⑥-3 심장감정금(사랑의 냉정형)

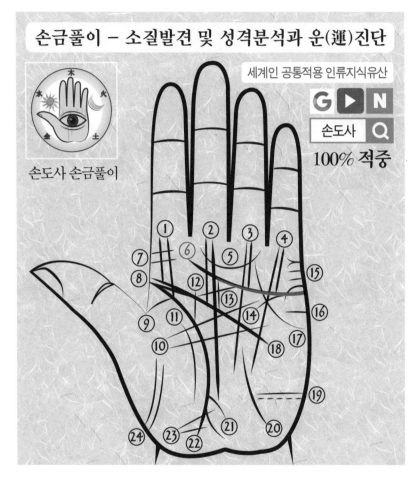

손금풀이 – 소질발견 및 성격분석과 운(運)진단

세계인 공통적용 인류지식유산

G ▶ N

손도사 Q

100% 적중

손도사 손금풀이

⑥-3번 심장감정금이 그림처럼 중지손가락 아래쯤에서 끝나는 등 짧게 생겨있으면, 사랑과 애정의 감정이 담백하고 냉정 및 냉철하여 결코 이성 및 연인이나 사랑의 감정에 휩쓸리지 않음을 나타냅니다.

⑥-4 심장감정금(사랑의 비관형)

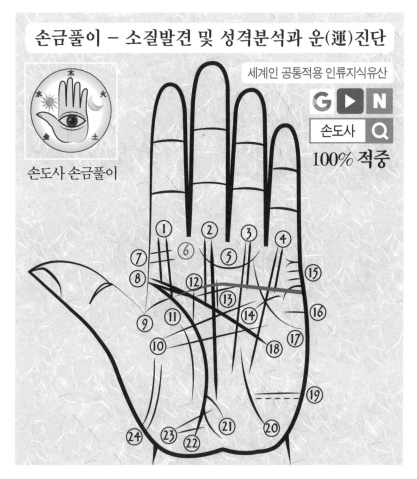

손금풀이 - 소질발견 및 성격분석과 운(運)진단

세계인 공통적용 인류지식유산

G ▶ N

손도사 Q

100% 적중

손도사 손금풀이

⑥-4번 심장감정금의 끝이 그림처럼 하향 또는 직선으로 생겨있으면, 사랑과 애정의 감정이 비관적이고 직선적이며, 사랑과 애정표현이 서툴고 점점 인생비관이 되어감을 나타내는 나쁜 손금입니다.

⑥-5 심장감정금(사랑의 열정형)

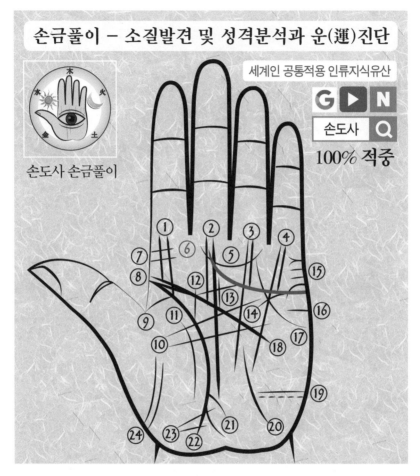

손금풀이 – 소질발견 및 성격분석과 운(運)진단

세계인 공통적용 인류지식유산

G ▶ N

손도사 Q

100% 적중

손도사 손금풀이

⑥-5번 심장감정금의 끝이 그림처럼 상향곡선으로 생겨있으면, 사랑과 애정의 감정이 열정적이고 세심함 및 부드러움을 나타내고, 특히 중지손 가락 쪽으로 상향곡선형이면 육체적 뜨거운 사랑을 나타냅니다.

⑥-6 심장감정금(사랑의 상심과 마음고생형)

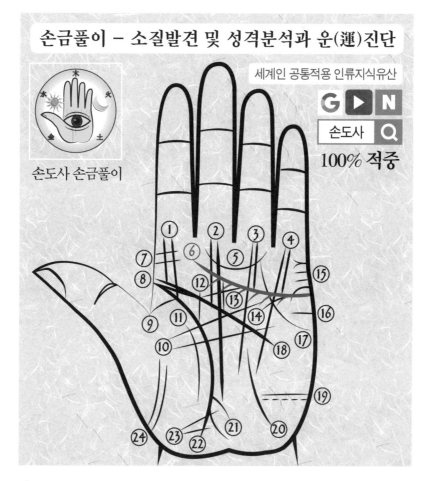

손금풀이 – 소질발견 및 성격분석과 운(運)진단

손도사 손금풀이

세계인 공통적용 인류지식유산

G ▶ N

손도사 Q

100% 적중

⑥-6번 심장감정금의 어느 중간에서 그림처럼 하향가지선이 가늘게 여러 개가 생기거나 또는 생겨있으면, 근심걱정거리가 생겨지고 마음이 점점 약해지고 사랑의 상심과 배우자 눈치를 보는 등 '마음고생'이 따르고, 하향가지금이 많거나 기다랗게 생겨있을수록 점점 더 나쁘게 됨을 나타냅니다.

⑥-7 심장감정금(끝이 갈라진 형)

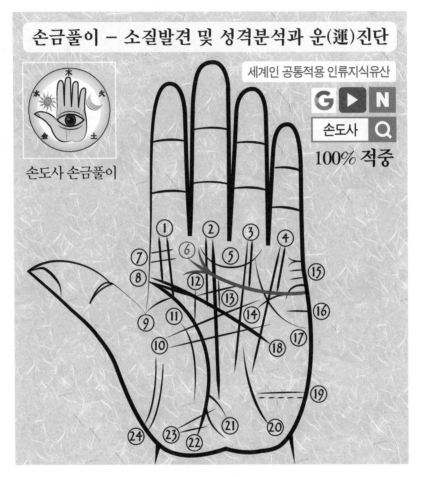

손금풀이 – 소질발견 및 성격분석과 운(運)진단

세계인 공통적용 인류지식유산

G ▶ N

손도사 Q

100% 적중

손도사 손금풀이

⑥-7번 심장감정금의 끝이 그림처럼 두 갈래 또는 세 갈래로 갈라진 모양으로 생겨있으면, 감정의 다면성 및 다정다감을 나타내고 갈라지는 지선이 뻗어나가는 부위의 의미를 나타내며, 끝이 상향으로 갈라진 형은 점차로 좋아지고, 반대로 끝이 하향으로 갈라진 형은 점차로 더욱 나빠지게 됨을 나타냅니다.

⑥-8 심장감정금(심장병 및 사랑의 갈등형)

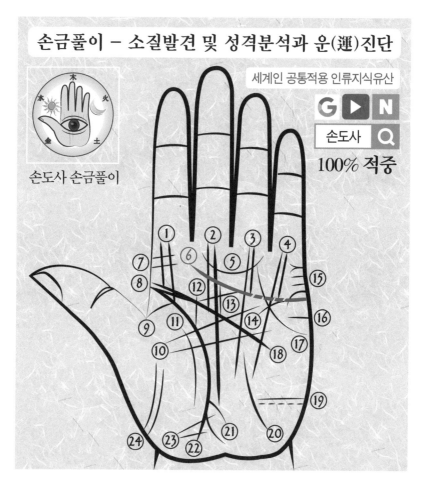

손금풀이 - 소질발견 및 성격분석과 운(運)진단

세계인 공통적용 인류지식유산

G ▶ N

손도사 Q

100% 적중

손도사 손금풀이

⑥-8번 심장감정금이 약지와 소지 사이의 아래부위에서 그림처럼 조금이라도 꼬여있거나 벌어져 있거나 끊어진 모양으로 생겨있으면, 사랑과 가정생활이 심하게 갈등이 되면서 '가정파탄'이 따르게 되고 마음고생으로 혈관계통 및 심장병이 따르게 됨을 나타내는 나쁜 손금이니, 즉시 '종합운명진단'이 꼭 필요합니다.

⑥-9 심장감정금(100% '가정파탄살' 손금)

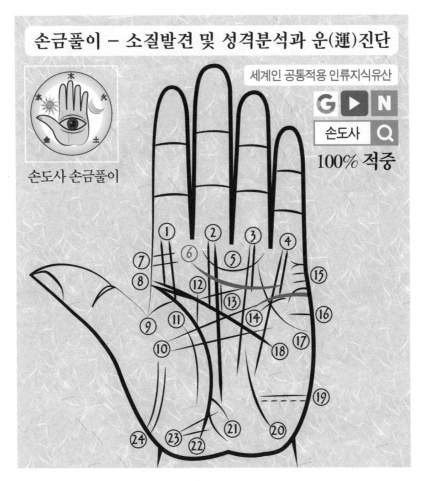

손금풀이 - 소질발견 및 성격분석과 운(運)진단

세계인 공통적용 인류지식유산

G ▶ N

손도사 Q

100% 적중

손도사 손금풀이

⑥-9번 심장감정금이 약지와 소지 사이의 아래부위에서 그림처럼 크게 끊어진 모양으로 생겨있으면, 업살을 타고나서 가정운 및 사랑운이 나쁘게 되고, 부모님 잘못 또는 자신의 잘못 때문에 100% 확률로 '가정파탄과 불행'이 되면서 혼자가 되고, 심장마비로 죽게 됨을 나타내는 아주 나쁜 손금이니, 실제로 이러한 사람은 즉시 '종합운명진단'이 꼭 필요합니다.

⑥-10 심장감정금(사랑의 파워풀형)

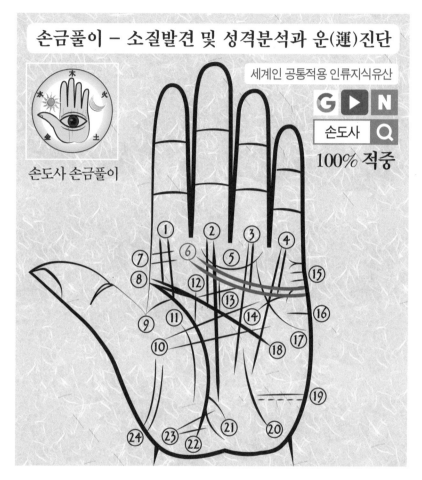

손금풀이 – 소질발견 및 성격분석과 운(運)진단

세계인 공통적용 인류지식유산

G ▶ N

손도사 Q

100% 적중

손도사 손금풀이

⑥-10번 심장감정금이 그림처럼 2개가 똑같이 생겨있거나 비슷하게 생겨서 나란하게 이중으로 생겨있으면, 2배의 심장감정금의 의미를 나타내어 사랑 및 애정의 감정이 파워풀로 강하고 심장도 튼튼하며, 자나 깨나 인생 전체를 오직 사랑행위에 열정적이고 열중적임을 나타냅니다.

⑥-11 심장감정금(막쥔손금과 함께 생겨있는 형)

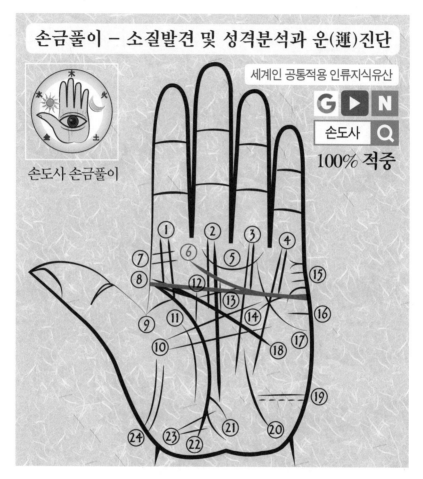

손금풀이 - 소질발견 및 성격분석과 운(運)진단

손도사 손금풀이

세계인 공통적용 인류지식유산

G ▶ N

손도사 Q

100% 적중

⑥-11번 일자형 막쥔손금이 생겨있고 또 그 위에 심장감정금이 생겨있으면, 막쥔금의 특성인 고집성 및 자기중심적임과 감정금의 의미가 합해져서 감정부분이 강하여 애정의 집착과 뜨거운 심장으로 사랑이 저돌적임을 나타냅니다. ①번, ②번, ③번, ④번 손금들의 유·무에 따라서 좋음과 나쁨의 상세해석은 너무나 다릅니다.

⑦ 절망좌절금(100% 상승운막힘 손금)

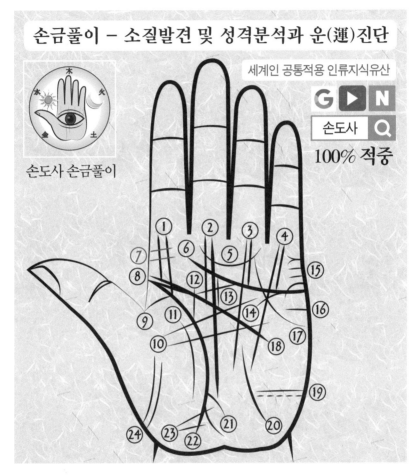

⑦번 절망좌절금은 검지손가락 아래부위의 모든 가로금을 가리키고, 이곳에 그림처럼 가로금이 1~3개가 생겨있으면, 인생에 모든 상승운을 가로막아 공부·승진·성공·출세·부자가 결코 잘 될 수가 없고, 100% 확률로 평생 동안 실패만 당하게 됩니다. ⑦번 손금이 생겨있는 사람은 즉시 '종합운명진단'이 꼭 필요합니다.

⑧ 신중독립금

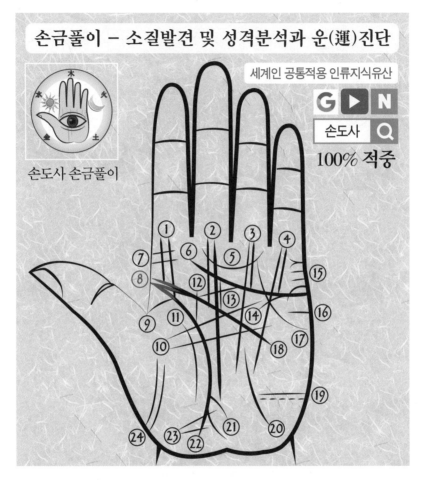

손금풀이 - 소질발견 및 성격분석과 운(運)진단

세계인 공통적용 인류지식유산

G ▶ N

손도사 Q

100% 적중

손도사 손금풀이

⑧번 손금부위는 가장 중요한 기본 3대손금인 굵고 기다란 ⑱번 두뇌지
능금과 ㉒번 수명생명금이 출발하는 곳으로서 그림처럼 두 손금이 붙어
있는 모양과 두 손금이 떨어져 있는 모양을 가리키고, 이곳 부위가 왼손과
오른손이 같은 형 또는 다른 형 등에 따라서 개인들의 성격 및 진로와 인생
에서 매우 중요함을 나타냅니다.

⑧-1 신중독립금(신중형)

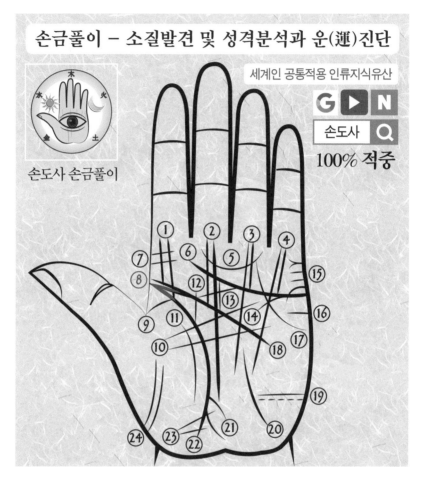

손금풀이 - 소질발견 및 성격분석과 운(運)진단

세계인 공통적용 인류지식유산

G ▶ N

손도사 Q

100% 적중

손도사 손금풀이

⑧-1번 손금부위가 그림처럼 굵고 기다란 두뇌지능금과 수명생명금이 출발점에서 붙어있는 모양으로 생겨있으면 대체로 상식적인 생각으로 매사에 '신중함'을 나타내고, 붙어있는 길이가 1cm 이상으로 길고 함께 두뇌지능금이 많이 굽어내린 모양으로 생겨있으면 '소심함'을 나타내며, 좌·우 손금이 똑같이 붙어있으면 대체로 무난하게 살게 됨을 나타냅니다.

⑧-2 신중독립금(독립형)

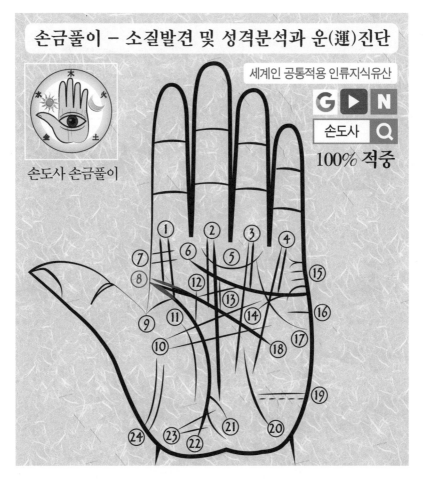

손금풀이 – 소질발견 및 성격분석과 운(運)진단

세계인 공통적용 인류지식유산

G ▶ N

손도사 Q

100% 적중

손도사 손금풀이

⑧-2번 손금부위가 그림처럼 서로 떨어져 있는 모양으로 생겨있으면, 강한 기질·독립성·적극성·대담성·성급 등을 나타내고, 간섭 및 속박을 싫어하니 프리랜서 및 개인사업 등이 적성에 알맞고, 특히 한쪽 손만 떨어진 형은 100% 확률로 일 실패 또는 결혼 실패가 따르게 됨을 나타냅니다. 실제로 이러한 사람은 즉시 '종합운명진단'이 꼭 필요합니다.

⑧-3 신중독립금(소극소심형)

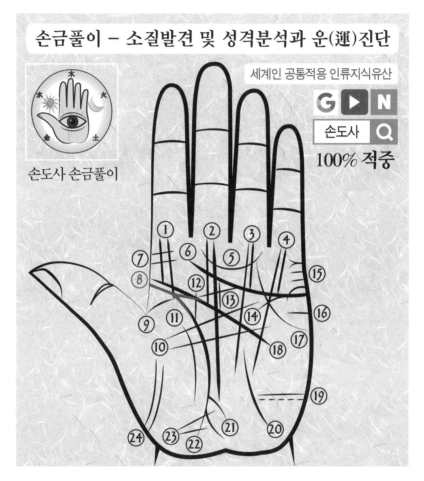

손금풀이 – 소질발견 및 성격분석과 운(運)진단

세계인 공통적용 인류지식유산

G ▶ N

손도사 Q

100% 적중

손도사 손금풀이

⑧-3번 손금부위가 그림처럼 굵고 기다란 두뇌지능금과 수명생명금이 출발점에서 합쳐진 부분이 2cm 이상 기다랗게 생겨있으면, '약한 기질'을 타고나서 대체로 내성적이고 자아의식 및 자신감이 부족하여 의타심이 있고 매사에 소극적 및 소심함을 나타내며 100% 확률로 평생 동안 큰 발전성이 없음을 나타냅니다.

⑨ 공격투쟁금

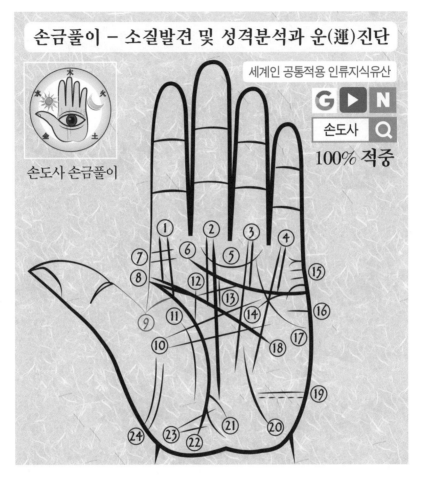

손금풀이 – 소질발견 및 성격분석과 운(運)진단

세계인 공통적용 인류지식유산

G ▶ N

손도사 Q

100% 적중

손도사 손금풀이

⑨번 손금은 엄지와 검지 사이의 손아귀에 살집이 두툼하고 그림처럼 횡선이 선명하게 1~3개가 생겨있으면, '난폭기질'을 타고나서 성질이 강하고, 오기가 있고, 지기를 싫어하고, 경계심과 공격성 및 투쟁정신이 강하며, 움켜쥐는 강인함을 나타냅니다. ⑨번 손금이 생겨있는 사람은 사람들과 부부간에 관재구설수와 이혼수를 조심해야 합니다.

⑩ 손해실패금

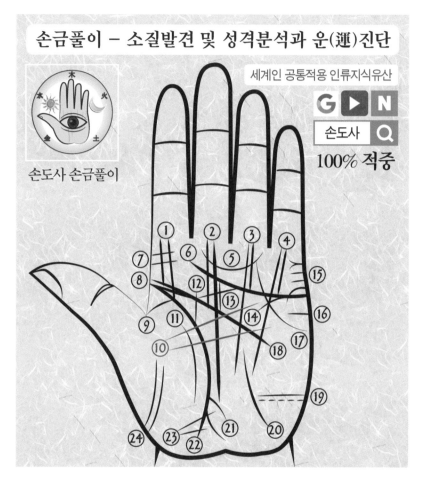

손금풀이 – 소질발견 및 성격분석과 운(運)진단

세계인 공통적용 인류지식유산

G ▶ N

손도사 Q

100% 적중

손도사 손금풀이

⑩번 손금은 그림처럼 굵고 기다란 ㉒번 수명생명금의 안쪽에서 손바닥을 기다랗게 가로막은 손금을 가리키고, 가로막은 손금들은 '나쁜 업살'을 타고나서 앞으로 나아가는 '모든 운가로막힘'으로 돈떼임 · 투자실패 · 장사영업실패 · 사업부도 · 파산 · 장해살 · 이혼당함 등을 나타내며 100% 확률로 '손해 및 실패'가 따르는 가장 나쁜 손금입니다.

⑩-1 손해실패금(100% 인생 실패 손금)

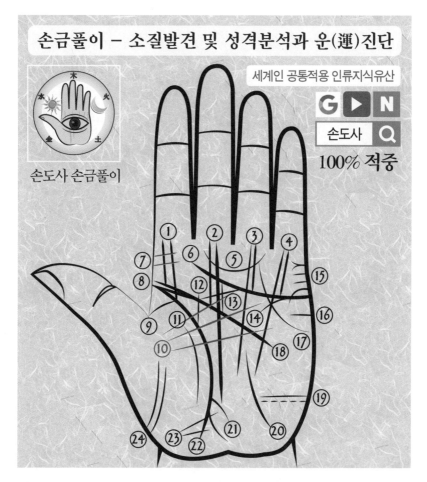

손금풀이 – 소질발견 및 성격분석과 운(運)진단

세계인 공통적용 인류지식유산

손도사

100% 적중

손도사 손금풀이

⑩-1번 손해실패금과 ⑦번 절망좌절금이 함께 생겨있으면, 상승운과 나아가는 운을 함께 가로막아서 공부운·1류대학진학운·승진운·출세 운·성공운·투자운·사업운·결혼운 등을 하나씩 차례로 '운막힘'을 당하고, 결국 100% 확률로 '인생 실패' 당하게 됨을 나타냅니다. 이처럼 실제로 손해실패를 겪고 있는 사람은 '종합운명진단'이 꼭 필요합니다.

⑪ 생명영향금

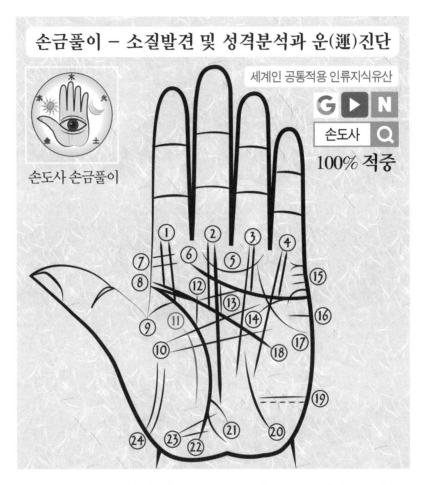

손금풀이 – 소질발견 및 성격분석과 운(運)진단

세계인 공통적용 인류지식유산

G ▶ N

손도사 Q

100% 적중

손도사 손금풀이

⑪번 손금이 굵고 기다란 ㉒번 수명생명금의 안쪽에 나란하게 그림처럼 생겨있으면, 강한 생명력의 생명보호 및 끈질김과 완고함을 나타내고, 즐거운 인생에 영향을 주는 사랑 및 성생활이 좋음을 나타냅니다. 그러나 아래부위에서 간격이 벌어지거나 끊겨있으면 사랑의 이별을 나타냅니다.

⑫ 노력개운금

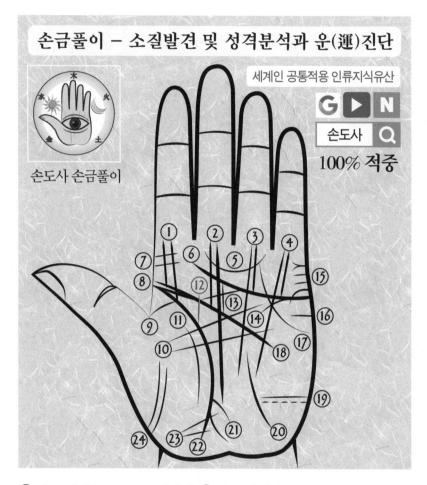

손도사 손금풀이

손금풀이 – 소질발견 및 성격분석과 운(運)진단

세계인 공통적용 인류지식유산

손도사

100% 적중

⑫번 노력개운금은 굵고 기다란 ㉒번 수명생명금의 중간에서 생겨있는 모든 상향가지금을 가리키고, 자기 자신의 노력으로 좋은 결혼·중대한 자격증 및 면허증 획득·큰 승진·큰 집문서 획득·인생역전성공 등 향상 및 발전의 '노력개운'을 나타내는 좋은 손금입니다.

⑬ 칠성십자금

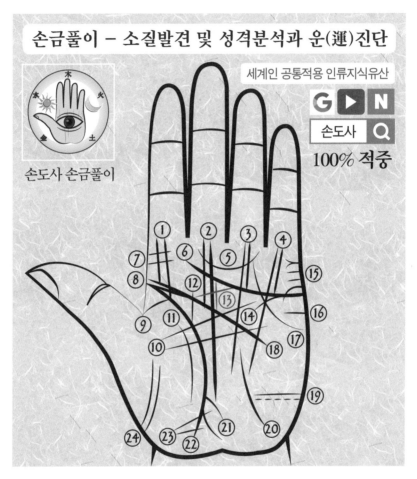

손금풀이 – 소질발견 및 성격분석과 운(運)진단

세계인 공통적용 인류지식유산

G ▶ N
손도사 Q
100% 적중

손도사 손금풀이

⑬번 칠성십자금은 굵고 기다란 ⑥번 심장감정금의 하향가지선과 짧은 ②번 직업운세금이 서로 교차하여 그림처럼 열십자로 생겨있는 것을 가리키고, 전생업 및 조상핏줄내림으로 '칠성공줄과 음체질'로 태어나서 100% 확률로 영감력·신경정신성·신(神)끼·빙의성·영매성 등이 생기고, 평생 동안 서민층으로 살게 됨을 나타냅니다.

⑬-1 칠성십자금(100% 운 나쁜 열십자금들)

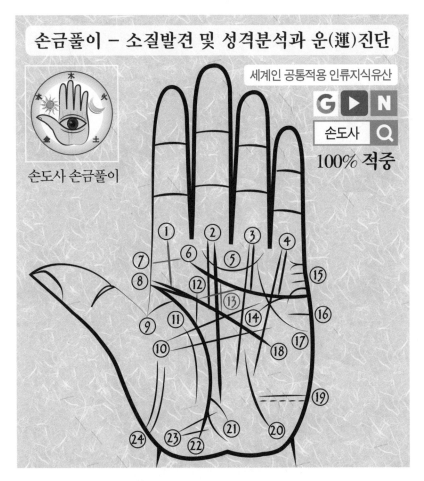

손금풀이 - 소질발견 및 성격분석과 운(運)진단

세계인 공통적용 인류지식유산

G ▶ N

손도사 Q

100% 적중

손도사 손금풀이

⑬-1번 칠성십자금이 굵고 기다란 ⑥번 심장감정금과 굵고 기다란 ⑱ 번 두뇌지능금 사이에 선명하게 생겨있고 함께 검지손가락 아래부위에도 열십자금이 생겨있으면, 100% 확률로 운막힘과 운세가 약하여 평생 동안 서민층으로 살고 절망과 좌절당함을 나타냅니다. 손바닥에 열십자금이 생겨있는 사람은 '종합운명진단'이 꼭 필요합니다.

⑭ 상심비관금(감정선의 하향가지선)

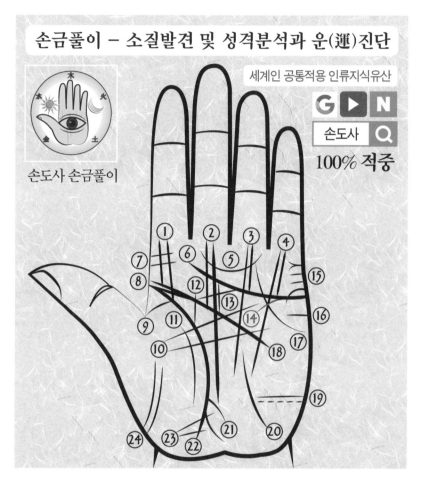

손금풀이 – 소질발견 및 성격분석과 운(運)진단

세계인 공통적용 인류지식유산

G ▶ N

손도사 Q

100% 적중

손도사 손금풀이

⑭번 상심비관금은 굵고 기다란 ⑥번 심장감정금에서 뻗쳐내린 하향가 지선을 가리키고 이 부위에 그림처럼 선명하게 생겨있으면, 큰 상심·사 랑의 배신당함·배우자 눈치 봄·비관살 등으로 계속 평생 동안 마음고생 과 가슴앓이가 따르게 됨을 나타냅니다. 상심비관금이 생겨있는 사람은 즉시 '종합운명진단'이 꼭 필요합니다.

⑮-1 (100% 확률의 이별 및 별거 손금)

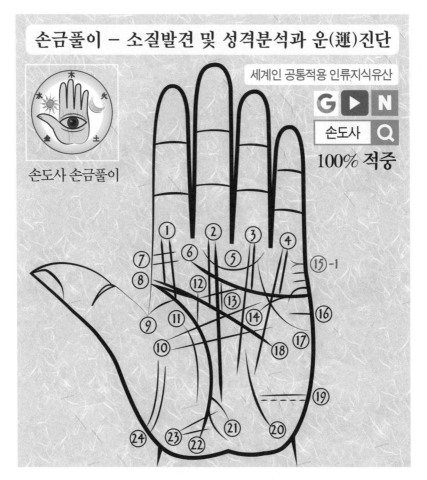

⑮-1번 새끼손가락 아래부위는 연애운과 결혼운을 가장 잘 나타내 주는 곳이고, 이곳에 그림처럼 가로금의 끝이 두 갈래로 갈라진 모양으로 생겨 있으면 연애운 및 결혼운이 나빠지기 시작하고, 크게 갈라지면 100% 확률로 '이별 및 별거'하게 됨을 나타내는 나쁜 손금입니다.

⑮-2 (100% 확률의 이혼 및 재혼 손금)

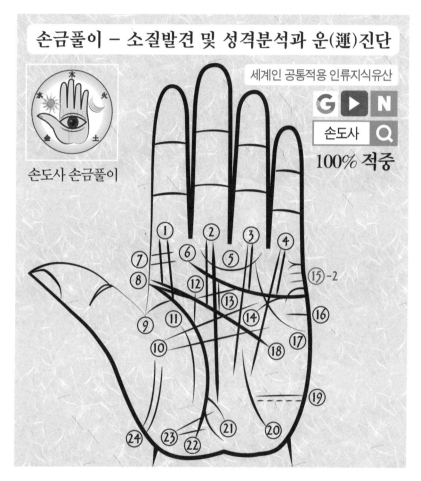

손금풀이 – 소질발견 및 성격분석과 운(運)진단

세계인 공통적용 인류지식유산

G ▶ N

손도사 Q

100% 적중

손도사 손금풀이

⑮-2번 그림처럼 새끼손가락 아래부위에 연애운 및 결혼운을 나타내는 가로금이 뚜렷하게 2개가 쌍둥이처럼 나란히 생겨있으면 결혼을 늦게 해야 하고, 결혼을 일찍 해버리면 100% 확률로 '이혼 및 사별'을 당하게 되고, 재혼도 불행하게 되는 '아주 나쁜 결혼운'을 나타내며 40대, 50대, 60대의 사람은 이미 확인이 되었을 것입니다.

⑮-3 (100% 확률의 이혼 및 사별 손금)

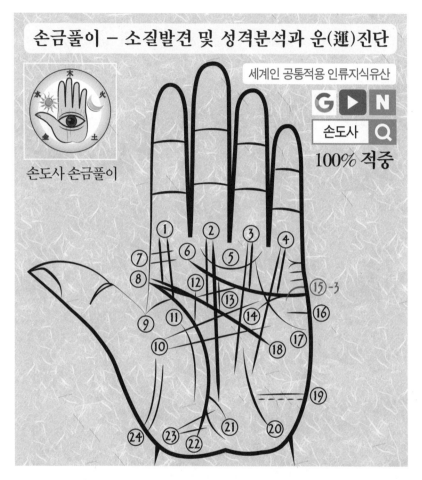

⑮-3번 그림처럼 새끼손가락 아래부위에 연애운 및 결혼운을 나타내는 가로금의 끝이 하향으로 굽어내린 모양으로 생겨있으면, 나쁜 업살을 타고나서 연애와 결혼이 100% 비애로 흐르면서 결국에는 '이별 및 사별과 이혼'을 당하게 되고, 그리고 혼자 살게 됨을 나타내며 40대, 50대, 60대의 사람은 이미 확인이 되었을 것입니다.

⑮-4 (연애운과 사랑운이 없는 상태)

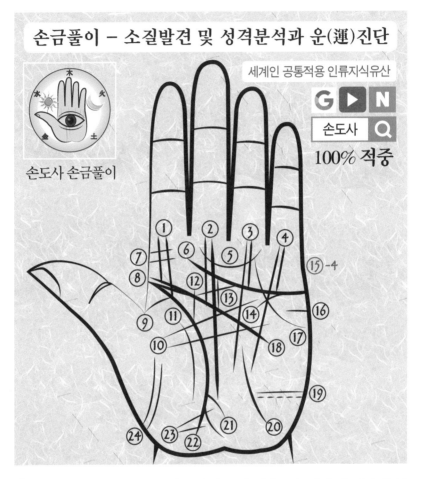

손금풀이 - 소질발견 및 성격분석과 운(運)진단

세계인 공통적용 인류지식유산

G ▶ N

손도사 Q

100% 적중

손도사 손금풀이

⑮-4번 새끼손가락 아래부위는 연애운 및 결혼운을 가장 잘 나타내 주는 곳이고, 이곳 부위에 손바닥을 정면에서 바라볼 때에 선명한 가로금이 안 생겨있는 사람은 성별과 나이에 상관없이 연애 및 사랑과 결혼에는 관심이 없거나 또는 독신주의자이거나 또는 현재 상태가 연애 및 사랑의 운(運)이 꽉 막힌 상태 임을 나타냅니다.

⑮-5 (연애운과 결혼운이 나쁜 손금들)

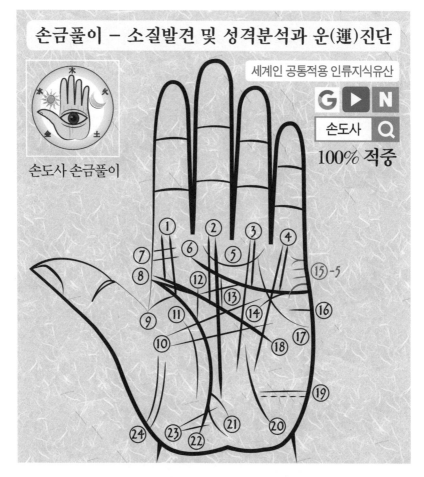

손금풀이 – 소질발견 및 성격분석과 운(運)진단

세계인 공통적용 인류지식유산

손도사 손금풀이

100% 적중

⑮-5번 새끼손가락 아래부위에 그림처럼 가로금의 끝이 두 갈래로 갈라지거나 또는 유난히 2개가 쌍둥이처럼 나란하게 생겨있거나 또는 끝이 아래로 굽어내리거나 또는 선명한 가로금이 안 생겨있거나 등은 모두가 100% 확률로 전생업살 및 부모유전성핏줄내림을 나타냅니다. 이러한 사람들은 확인되었으면 즉시 '종합운명진단'이 꼭 필요합니다.

⑯ 인내저항금

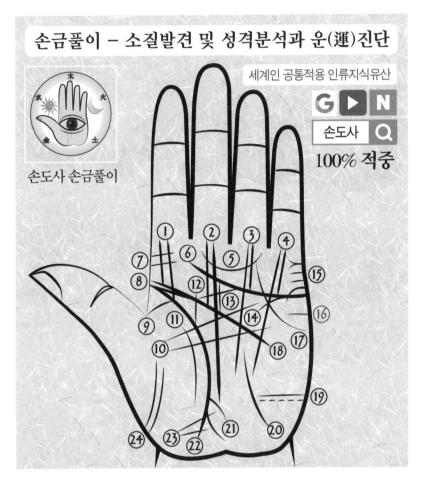

손금풀이 – 소질발견 및 성격분석과 운(運)진단

손도사 손금풀이

세계인 공통적용 인류지식유산

G ▶ N

손도사 Q

100% 적중

⑯번 인내저항금이 굵고 기다란 ⑥번 감정금의 아래 부위에 가로금으로 선명하고 뚜렷하게 그림처럼 생겨있으면, '반골기질과 저항기질'을 타고나서 특별한 정의감이 있고 자기주장이 강하며 반항 및 저항과 인내심이 강하고 또한 자기 일에 충직함을 함께 나타냅니다.

⑯-1 인내저항금(반골기질로 인생 실패형)

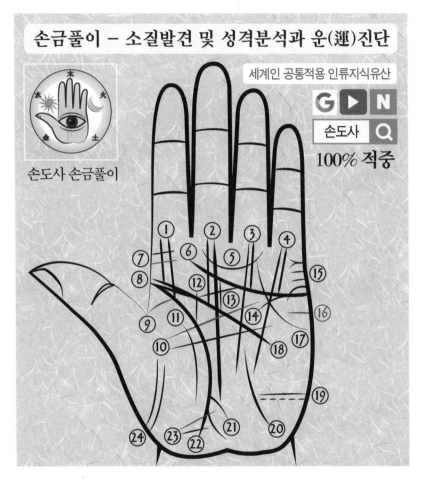

손금풀이 – 소질발견 및 성격분석과 운(運)진단

세계인 공통적용 인류지식유산

G ▶ N

손도사 Q

100% 적중

손도사 손금풀이

⑯-1번 인내저항금이 그림처럼 선명하고 뚜렷하게 생겨있으면, 반골기 질과 저항기질이 강함을 나타내고, 함께 ⑦번 검지손가락 아래부위의 가로금, ⑨번 손아귀 부위의 가로금, ⑩번 손바닥 가운데의 기다란 가로금, ㉓번 손바닥 아래부위의 비스듬히 생긴 가로금 등이 어느 한 개라도 함께 생겨있으면, 100% 확률로 '인생 실패'를 하게 됨을 나타냅니다.

⑰ 인내성공금(95% 성공가능성)

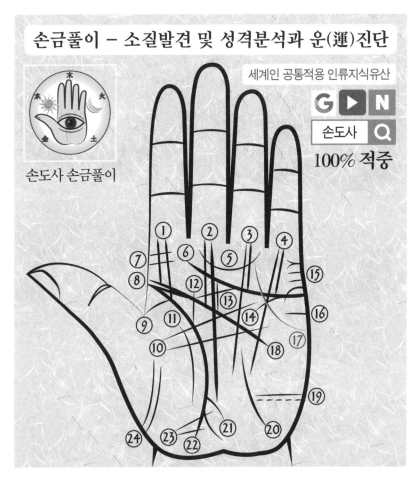

손금풀이 – 소질발견 및 성격분석과 운(運)진단

세계인 공통적용 인류지식유산

G ▶ N

손도사 Q

100% 적중

손도사 손금풀이

⑰번 인내성공금이 그림처럼 굵고 기다란 ⑥번 감정금의 아래부위 손바닥 바깥쪽에서 출발하여 약지손가락을 향해 비스듬히 상향금으로 뻗쳐오르면, 자기 일에 충직 및 인내력과 타인 도움 등으로 '성공가능성'이 높고, 손바닥 위쪽에 수직손금들이 함께 많이 생겨있고 ⑰번 손금이 더욱 선명하게 생겨지면 95% 인생을 성공하게 됨을 나타냅니다.

⑱ 두뇌지능금

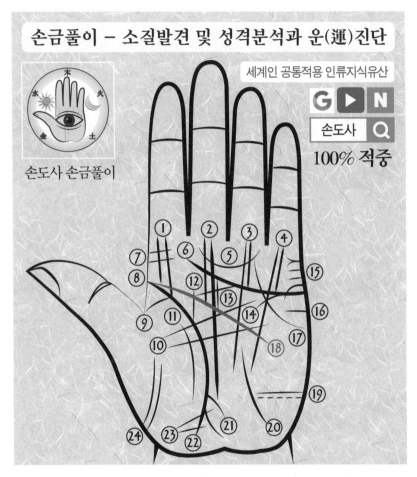

손금풀이 – 소질발견 및 성격분석과 운(運)진단

세계인 공통적용 인류지식유산

G ▶ N

손도사 Q

100% 적중

손도사 손금풀이

⑱번 굵고 기다란 손금은 두뇌·지능·재능·성격·공부직업 적성판단·사고방식·정신상태·뇌신경·뇌질환·정신질환·머리부상 등을 나타내는 기본 3대손금이고, 출발점의 두 손금이 붙어있으면 신중성과 상식적임을 나타내며, 중간에 끊어진 곳이 없고 옆으로 비스듬히 굵고 기다랗게 잘 생겨있어야 두뇌 및 지능에 이상이 없고 무난하게 됩니다.

⑱-1 두뇌지능금(기다란 형)

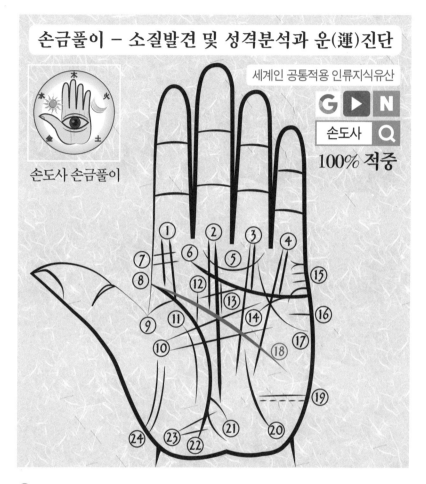

⑱-1번 두뇌지능금이 그림처럼 기다랗게 생겨있으면 생각이 깊고, 두뇌가 치밀하여 머리를 많이 쓰고, 탐구심 및 지적성취 욕구가 강하고 장기적인 성과를 바라면서 궁리·연구·기획 등 두뇌활동이 좋으니 '두뇌를 많이 쓰는 분야'가 적성에 알맞습니다.

⑱-2 두뇌지능금(짧은 형)

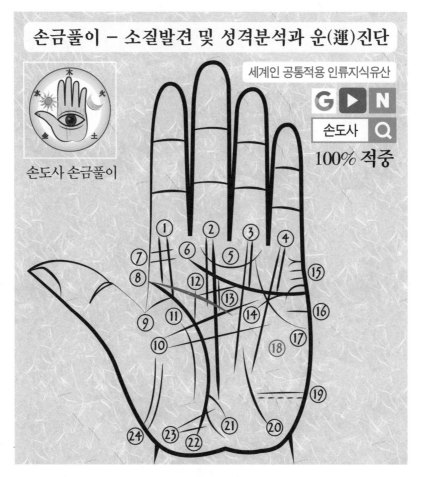

손금풀이 – 소질발견 및 성격분석과 운(運)진단

세계인 공통적용 인류지식유산

G ▶ N

손도사 Q

100% 적중

손도사 손금풀이

⑱-2번 두뇌지능금이 그림처럼 짧게 생겨있으면 생각이 얕고, 산만하며 단순하고, 성급하고, 싫증이 빠르며, 대체로 공부를 잘하지 못하니 두뇌를 많이 쓰는 일에는 적성이 맞지 않고 직감 및 행동으로 '단순하게 일하는 분야'가 적성에 알맞습니다. 특히 두뇌금이 너무 짧거나 안 생겨있으면 급사로 단명을 합니다.

⑱-3 두뇌지능금(옆으로 뻗치는 형)

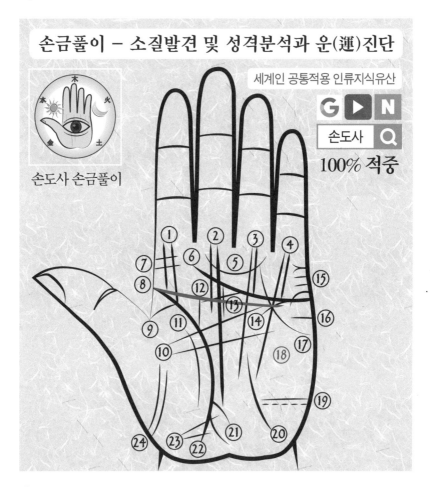

손금풀이 - 소질발견 및 성격분석과 운(運)진단

세계인 공통적용 인류지식유산

G ▶ N

손도사 Q

100% 적중

손도사 손금풀이

⑱-3번 두뇌지능금의 끝이 그림처럼 직선으로 옆으로 뻗치는 모양으로 생겨있으면 분석력·추리력·논리력 등의 소질이 있고, 두뇌가 직선적이고 실무력이 강하고 합리주의 및 실용주의 성향을 나타내며, 대체로 상식적이고 두뇌가 냉철하니 '이공계열' 분야가 적성에 알맞습니다.

⑱-4 두뇌지능금(하향으로 뻗치는 형)

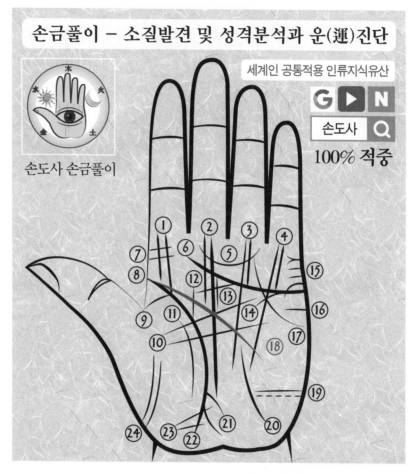

손금풀이 – 소질발견 및 성격분석과 운(運)진단

세계인 공통적용 인류지식유산

G ▶ N

손도사 Q

100% 적중

손도사 손금풀이

⑱-4번 두뇌지능금의 끝이 그림처럼 손바닥 아래 살집이 두툼한 쪽으로 굽어내려 곡선으로 생겨있으면 상상력·기획력·창조력 등의 소질이 있고, 대체로 생각이 많고 소심하며 정신우선 및 이상주의 성향을 나타내니 '인문계열 및 예능계열' 분야가 적성에 알맞습니다.

⑱-5 두뇌지능금(급하향으로 뻗치는 형)

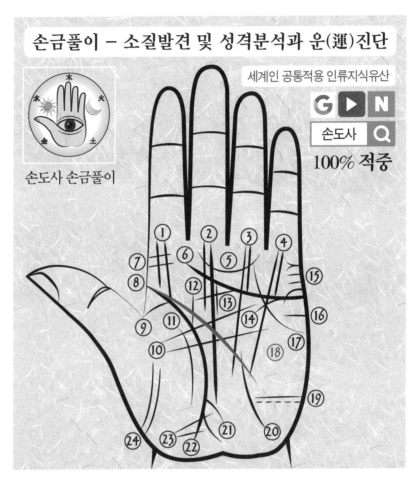

손금풀이 – 소질발견 및 성격분석과 운(運)진단

세계인 공통적용 인류지식유산

G ▶ N
손도사 Q
100% 적중

손도사 손금풀이

⑱-5번 두뇌지능금의 끝이 그림처럼 손바닥 아래 살집이 두툼한 쪽으로 많이 굽어내려 급하향곡선으로 생겨있으면 공상력·상상력·엉뚱한 생각 등이 많고 자기만의 잡생각들이 많아서 현실성 및 정상생활능력이 부족하고, 공상증·불면증·우울증·신경정신질환 등을 조심해야 합니다.

⑱-6 두뇌지능금(상향으로 뻗치는 형)

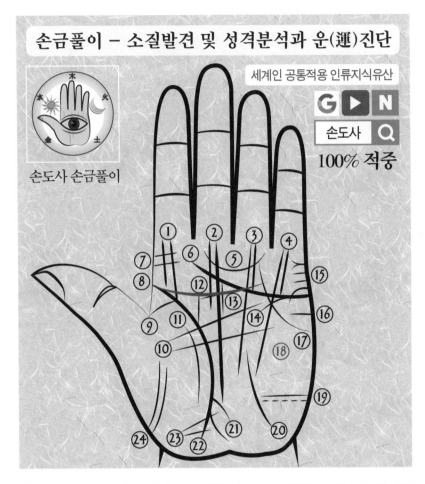

손금풀이 – 소질발견 및 성격분석과 운(運)진단

세계인 공통적용 인류지식유산

손도사 손금풀이

100% 적중

⑱-6번 두뇌지능금의 끝이 그림처럼 상향으로 뻗치는 모양으로 생겨있으면, 경제관념이 강하고 두뇌회전이 빠르고 현실주의 및 물질우선 성향이 너무 강하니 시장바닥의 장사나 영업 또는 사채놀이 및 작은 개인사업 등이 적성에 알맞습니다.

⑱-7 두뇌지능금(100% 재물성취형)

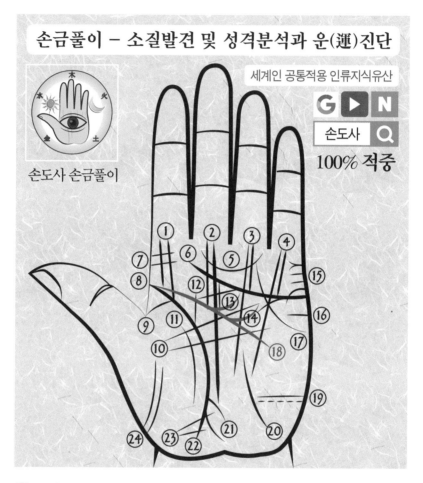

손금풀이 - 소질발견 및 성격분석과 운(運)진단

세계인 공통적용 인류지식유산

G ▶ N

손도사 Q

100% 적중

손도사 손금풀이

⑱-7번 손금은 굵고 기다란 두뇌지능금의 어느 중간에서 그림처럼 새끼 손가락 쪽을 향하여 뻗쳐오른 '상향가지선'을 가리키고, 두뇌지능금에서 상향가지선이 1~2개가 생겨있으면 강한 재물탐심·물질우선 생각·재테크기술·이재밝음 등과 자기 노력으로 100% '재물성취'를 하게 됨을 나타내는 좋은 손금입니다.

⑱-8 두뇌지능금(끝이 두 갈래형)

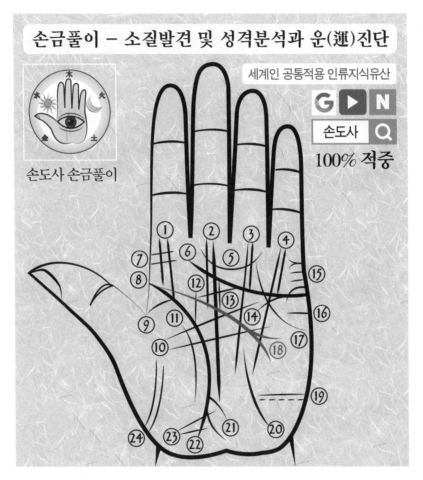

⑱-8번 두뇌지능금의 끝이 두 갈래로 갈라진 모양으로 그림처럼 생겨있으면, 특이한 기술적 두뇌재능이 있고 상황변화에 잘 적응하면서 창의적 및 합리적인 사고방식으로 현실과 이상추구를 함께 실현시켜 나아감을 나타내는 좋은 손금입니다.

⑱-9 두뇌지능금(우수한 이중두뇌금형)

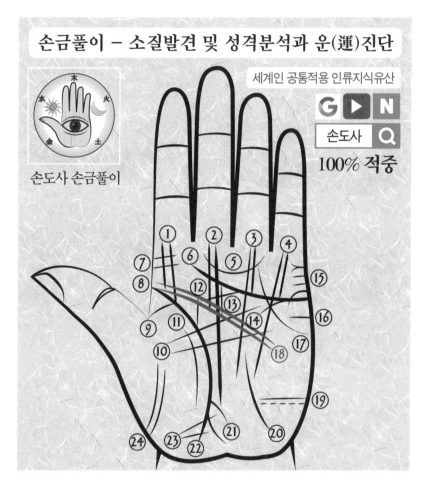

손금풀이 – 소질발견 및 성격분석과 운(運)진단

세계인 공통적용 인류지식유산

G ▶ N

손도사 Q

100% 적중

손도사 손금풀이

⑱-9번 두뇌지능금이 기본선의 위쪽 또는 아래쪽에 2개가 나란하게 그림처럼 생겨있으면 두뇌가 매우 우수하고, 특별한 지능 및 재능으로, 성공출세가 빠른 행운의 좋은 손금이니 판사·검사·변호사·변리사·고급관료직·정무직·탤런트·연예인·엔터테인먼트·벤처사업가 등 최고로 두뇌활동이 필요한 '고급두뇌직업' 분야가 적성에 알맞습니다.

⑱-10 두뇌지능금(이중 두뇌금 변형)

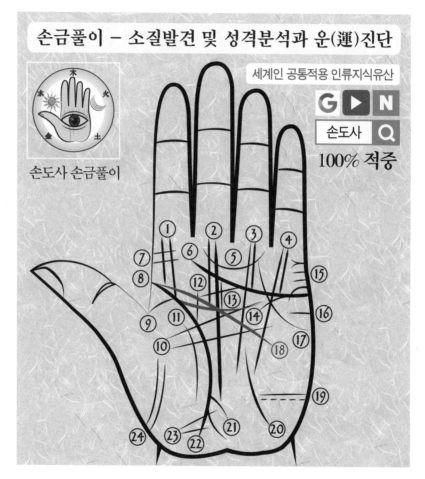

⑱-10번, 즉 두뇌지능금은 1개가 생겨있는 것이 일반적인데 그림처럼 또는 다양한 모양 등으로 2개가 생겨있으면, 대체로 두뇌가 우수하고 '독특한 개성과 지능 및 재능'을 타고난 사람이 많으니, 변형 이중두뇌금들은 출발점과 뻗치는 방향 및 도착점 등의 '상세손금풀이'가 꼭 필요합니다.

⑱-11 두뇌지능금(늦게 출발형)

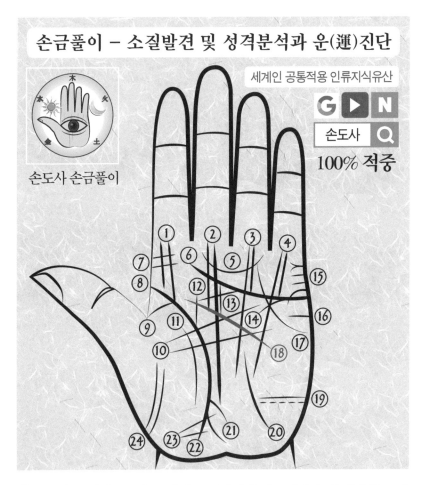

⑱-11번 두뇌지능금이 독립형으로 떨어져 있으면서 늦게 출발한 모양
으로 그림처럼 생겨있으면, 어릴 때는 두뇌 및 사고능력이 약하다가 늦게
성년이 되면서 두뇌지능의 사고능력이 정상으로 되어감을 나타내지만 본
질은 두뇌지능이 매우 약함을 의미합니다.

⑱-12 두뇌지능금(중간에 끊어진 형)

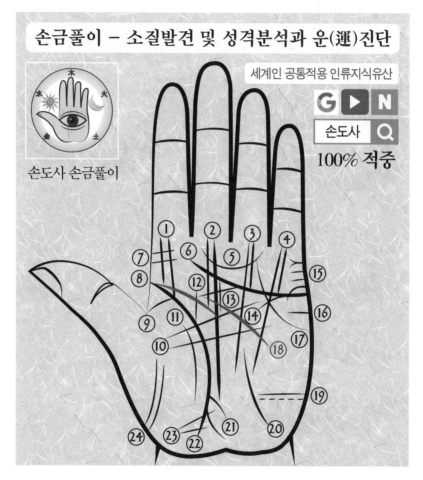

손금풀이 – 소질발견 및 성격분석과 운(運)진단

세계인 공통적용 인류지식유산

G ▶ N

손도사 Q

100% 적중

손도사 손금풀이

⑱-12번 두뇌지능금이 어느 중간에서 그림처럼 끊어진 모양으로 생겨 있으면, 중간에 가치관 및 인생관 등 생각의 큰 변화를 나타내거나 또는 집중력 및 기억력 등 두뇌능력의 큰 저하를 나타내거나 또는 뇌신경질환 및 정신질환이나 큰 머리부상 등을 나타내는 아주 나쁜 손금이니, 실제로 이러한 사람은 즉시 '종합운명진단'이 꼭 필요합니다.

⑱-13 두뇌지능금(두 손금이 떨어진 독립형)

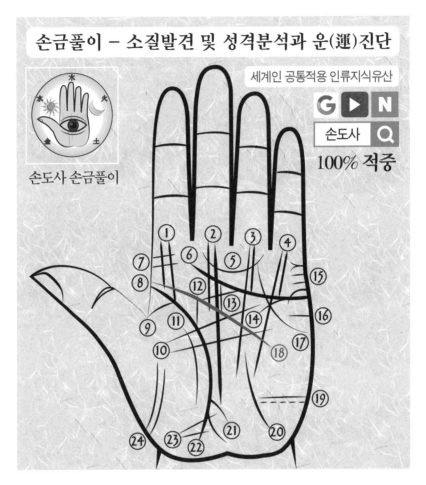

손금풀이 – 소질발견 및 성격분석과 운(運)진단

세계인 공통적용 인류지식유산

G ▶ N

손도사 Q

100% 적중

손도사 손금풀이

⑱-13번 굵고 기다란 두 손금이 출발점에서 서로 떨어져 두뇌지능금이 독립형으로 그림처럼 생겨있으면 '강한 기질'을 타고나 간섭 및 속박을 싫어하고 보스기질·적극성·성급·대담성·고독성 등을 나타내고, 간격이 크거나 한쪽 손만 떨어진 형은 100% 확률로 사업실패 또는 결혼 실패를 당하니 실제로 이러한 사람은 '종합운명진단'이 꼭 필요합니다.

⑱-14 두뇌지능금(두뇌금에서 출발한 수직손금들)

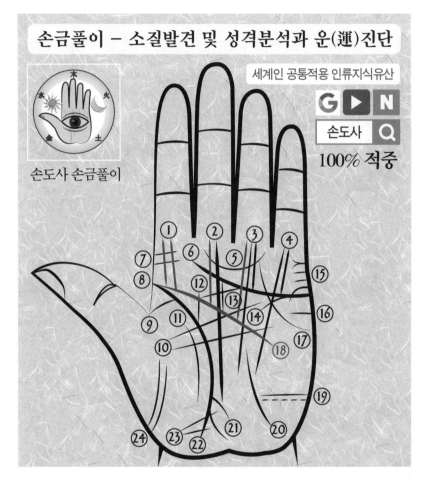

손금풀이 – 소질발견 및 성격분석과 운(運)진단

세계인 공통적용 인류지식유산

손도사 손금풀이

100% 적중

⑱-14번 손금 두뇌지능금이 잘생겨있고 그리고 그림처럼 두뇌금의 선상에서 출발하여 수직금들이 검지손가락을 향하면 야망출세를 위한 정신적인 노력이 많음을 나타내고, 중지손가락을 향하면 두뇌를 많이 쓰는 분야 또는 30대 중반쯤부터 본격적인 일 시작 등을 나타내고, 약지손가락을 향하면 두뇌를 많이 쓰면서 재물과 명예가 잘 따름을 나타냅니다.

⑱-15 두뇌지능금(막쥔손금과 함께 생겨있는 형)

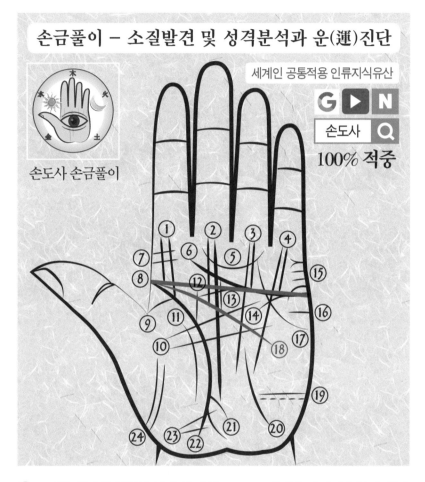

손금풀이 – 소질발견 및 성격분석과 운(運)진단

손도사 손금풀이

세계인 공통적용 인류지식유산

G ▶ N

손도사 Q

100% 적중

⑱-15번 일자형 막쥔손금이 생겨있고 또 그 아래에 두뇌지능금이 생겨 있으면, 막쥔금의 특성인 고집성 및 자기중심적임과 두뇌지능금의 의미가 합해져서 두뇌지능부분이 강하여 자기생각 및 계획대로 저돌적임을 나타 냅니다. ①번, ②번, ③번, ④번 손금들의 유·무에 따라서 좋음과 나 쁨의 상세해석은 너무나 다릅니다.

⑲ 방종방탕금

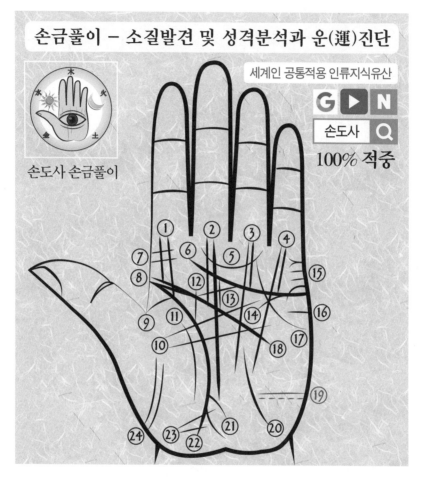

손금풀이 – 소질발견 및 성격분석과 운(運)진단

세계인 공통적용 인류지식유산

손도사 손금풀이

100% 적중

⑲번 손금이 손바닥 바깥쪽 아래 살집이 두툼한 부위에 가로금으로 실선 또는 토막선이 그림처럼 생겨있으면 자유·방종·방탕·탈선·술장사· 화류계·도화살·부인과질환·만성질환 등을 나타내는 나쁜 손금이고, 실제로 이러한 사람은 스스로 절제가 꼭 필요하고 또한 '종합운명진단'이 꼭 필요합니다.

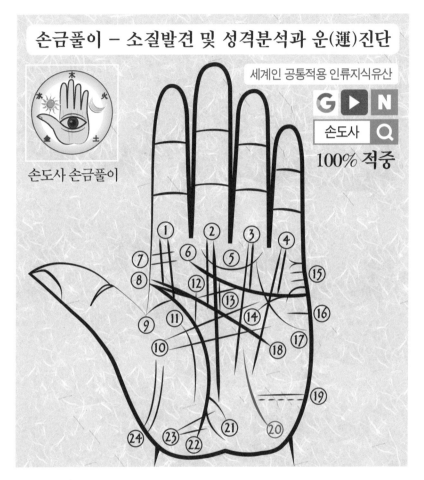

손금풀이 – 소질발견 및 성격분석과 운(運)진단

세계인 공통적용 인류지식유산

G ▶ N

손도사 Q

100% 적중

손도사 손금풀이

⑳번 손금이 그림처럼 손바닥 바깥쪽 가장 아래 살집이 두툼한 부위에서 출발하여 손바닥 중심쪽으로 비스듬히 뻗쳐오른 모양으로 생겨있으면, 100% 확률로 어린 나이 때부터 '일 고생과 모험 인생'을 나타내고, 어린 나이 때에는 타인 도움 및 이성의 도움을 받기도 하지만, 30세쯤 이후부터는 직업운세 등의 운이 약해짐을 나타냅니다.

⑳-1 모험고생금(나쁜 형)

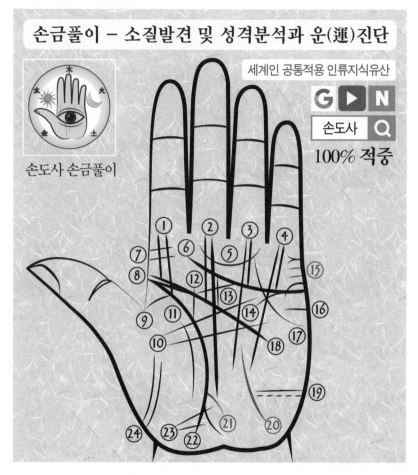

손금풀이 – 소질발견 및 성격분석과 운(運)진단

세계인 공통적용 인류지식유산

G ▶ N

손도사 Q

100% 적중

손도사 손금풀이

⑳-1번, 참고로 기본손금해설에서 손바닥 아래부위의 수직금과 상향금들은 '어린 나이 때'부터 일 고생을 나타내고, 손바닥 바깥부위에서 손금이 출발을 하면 '모험 인생'을 나타냅니다. ⑮번 손금, ⑳번 손금, ㉑번 손금이 함께 생겨있으면, 일찍 집 나가 일 고생을 하다가 결혼 실패까지 하게 됨을 나타냅니다.

㉑ 변동역마금

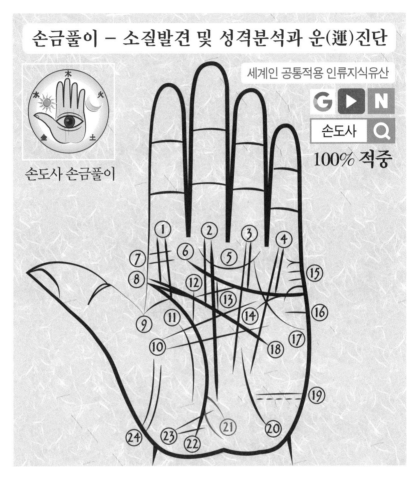

손금풀이 – 소질발견 및 성격분석과 운(運)진단

세계인 공통적용 인류지식유산

G ▶ N

손도사 Q

100% 적중

손도사 손금풀이

㉑번 손금은 굵고 기다란 ㉒번 수명생명금의 중간쯤 아래에서 뻗쳐내린 모든 하향가지금을 가리키고 그림처럼 생겨있으면 일찍 집을 나가는 독립 또는 해외유학 및 해외취업이나 또는 여행을 좋아하는 기질 등 '인생 불안정'을 나타내는 결과론적으로 나쁜 손금이고, 위쪽에 생겨있으면 일찍 변동을 또는 기다랗게 생겨있을수록 강함을 나타냅니다.

㉑-1 여행역마금(평생 불안정성의 '역마살' 손금)

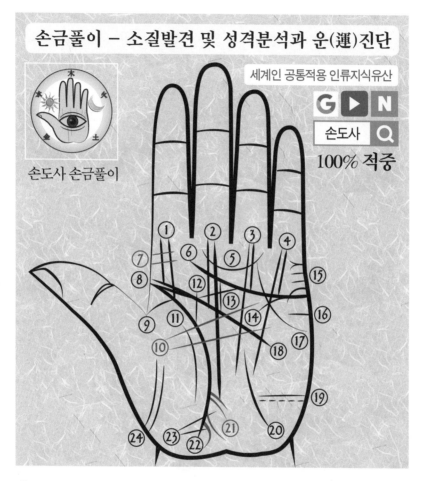

손금풀이 – 소질발견 및 성격분석과 운(運)진단

세계인 공통적용 인류지식유산

G ▶ N

손도사 Q

100% 적중

손도사 손금풀이

㉑-1번 여행역마금이 그림처럼 어느 한 개라도 생겨있으면 인생 불안정의 '변동역마살'로 해석을 하고 잦은 직장 및 주거의 변동과 불안정한 떠돌이 일 등을 하게 되고, 함께 ⑦번 손금이나 ⑩번 손금이 생겨있으면 '운막힘'까지 따르면서 100% 손해와 실패를 계속 당하니, 실제로 이러한 사람은 즉시 '종합운명진단'이 꼭 필요합니다.

㉒ 수명생명금

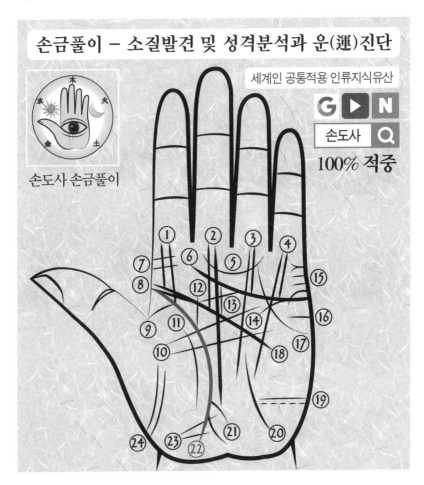

손금풀이 - 소질발견 및 성격분석과 운(運)진단

세계인 공통적용 인류지식유산

G ▶ N

손도사 Q

100% 적중

손도사 손금풀이

㉒번 굵고 기다란 손금은 수명·생명력·체질·체력·운동 및 프로스포츠 선수의 적합성·정열·인생말년운 등을 나타내는 기본 3대손금이고, 중간에 끊겨진 곳이 없고 굵고 기다랗게 엄지 밑둥을 크게 감싸듯 손목금에 닿을 정도로 잘 생겨있어야 가장 좋습니다.

㉒-1 수명생명금(육체활동형)

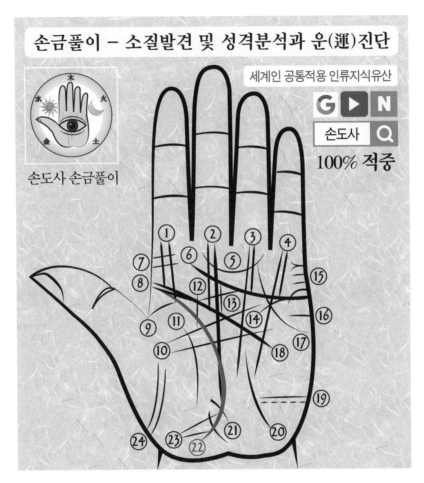

㉒-1번 수명생명금이 윗부분보다는 아래쪽으로 내려가면서 커브가 커지고 그림처럼 엄지 밑둥이 크게 생겨있으면, 나이 들면서까지 건강하고 생명에너지를 유지하게 되니 노년까지 육체활동을 계획하고, 육체노동·운동선수·각종 차 운전 등의 분야가 직업적성에 알맞습니다.

㉒-2 수명생명금(120세 수명장수형)

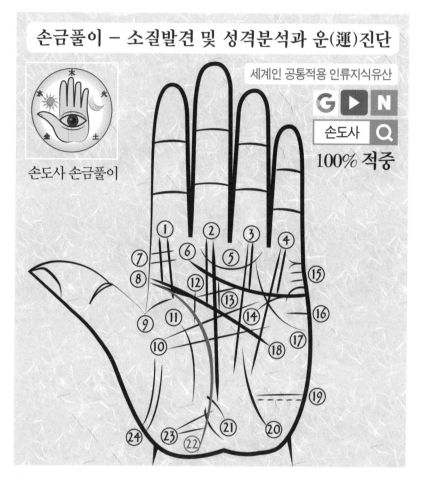

손금풀이 – 소질발견 및 성격분석과 운(運)진단

손도사 손금풀이

세계인 공통적용 인류지식유산

G ▶ N

손도사 Q

100% 적중

㉒-2번 수명생명금이 그림처럼 굵고 기다랗게 엄지 밑둥을 넓게 감싸듯 하면서 손목금에 닿을 정도로 아주 기다랗게 잘 생겨있으면, 체질 및 체력 과 정력이 강하고 사회활동성이 좋고 대체로 성격과 인품이 좋으며 평생 동안 건강하고 120세까지 수명장수하는 행운의 좋은 손금입니다.

㉒-3 수명생명금(97% 수명단명형)

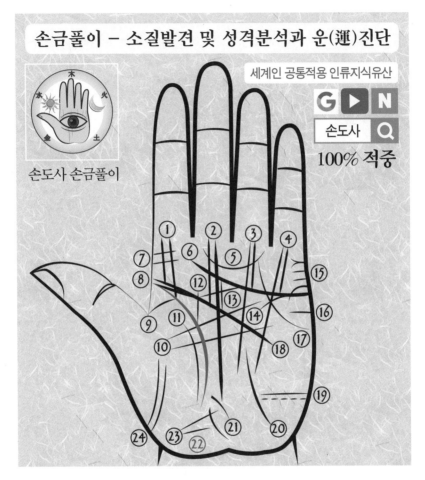

㉒-3번 수명생명금이 그림처럼 짧게 생겨있으면 대체로 삶이 고달프고, 생명에너지가 약하고, 운이 나빠서 97% 확률로 그만큼 단명으로 죽게 됨을 나타내니, 수명생명금이 짧게 생겨있는 사람은 위험한 직업 및 위험한 스포츠 등을 조심하고, 반드시 생명보험을 가입해 두시고 또한 사전에 '종합운명진단'을 꼭 한 번 받아보시길 바랍니다.

㉒-4 수명생명금(굵은 형)

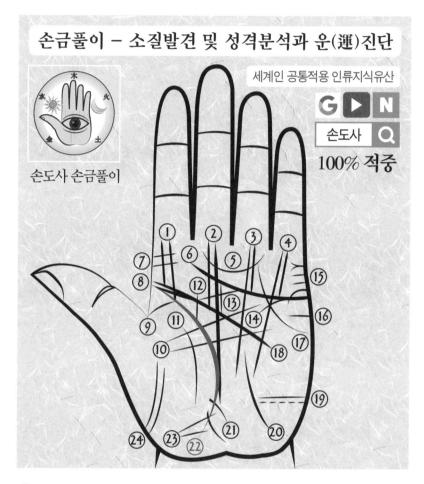

손금풀이 – 소질발견 및 성격분석과 운(運)진단

세계인 공통적용 인류지식유산

G ▶ N

손도사 Q

100% 적중

손도사 손금풀이

㉒-4번 수명생명금이 그림처럼 굵고 깊이 파이고 기본 3대손금 중에서 가장 선명하고 엄지 밑둥을 넓게 감싸듯 생겨있으면, 체질 및 체력과 정력이 가장 강점이고, 자신감과 사회 활동성이 좋고, 평생 건강함을 나타내는 좋은 손금이며, 육체활동 분야가 직업적성에 알맞습니다.

㉒-5 수명생명금(가느다란 형)

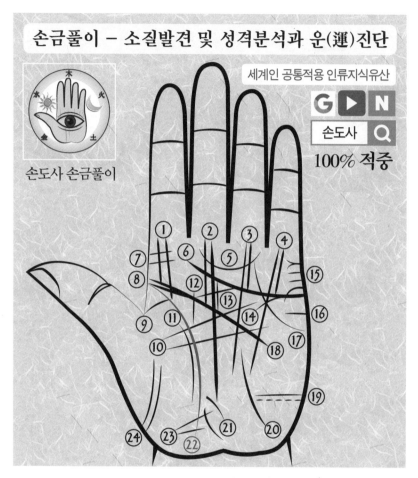

손금풀이 – 소질발견 및 성격분석과 운(運)진단

세계인 공통적용 인류지식유산

G ▶ N
손도사 Q
100% 적중

손도사 손금풀이

㉒-5번 수명생명금이 그림처럼 가늘고 엄지 밑둥을 좁게 감싸듯 생겨 있으면 체질 및 체력과 정력이 약하고, 승부욕과 성취욕 및 자신감이 약하고, 대체로 재물운도 약하며 평생 동안 병약함을 나타내니 이러한 사람은 꾸준히 운동을 해야 하고, 직업은 정신활동 분야가 적합합니다.

㉒-6 수명생명금(이중생명금 1형)

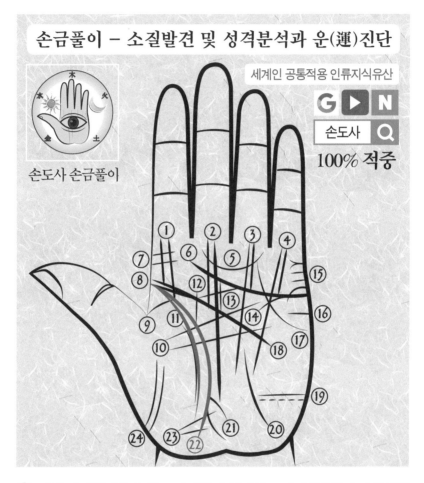

손금풀이 - 소질발견 및 성격분석과 운(運)진단

세계인 공통적용 인류지식유산

G ▶ N

손도사 Q

100% 적중

손도사 손금풀이

㉒-6번 수명생명금이 굵고 기다랗게 생겨있고 가지생명금이 기본생명금의 안쪽으로 또 생겨서 2개가 기다랗게 그림처럼 생겨있으면 생명력이 2배로 강함을 나타내고, 특히 '건강과 체력'이 가장 강점이고, 끈기와 완고함도 강하니 고위험 및 강인함이 필요한 '특수직업' 분야에 꼭 필요한 인재입니다.

㉒-7 수명생명금(이중생명금 2형)

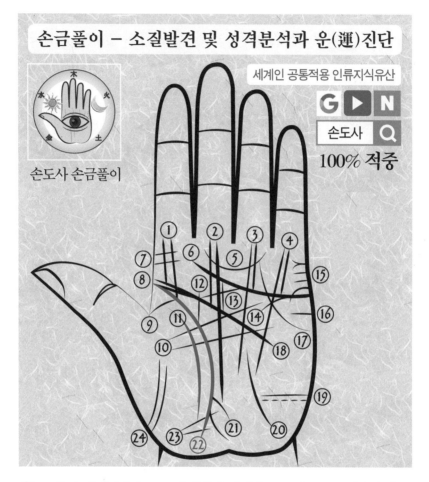

손금풀이 – 소질발견 및 성격분석과 운(運)진단

세계인 공통적용 인류지식유산

G ▶ N

손도사 Q

100% 적중

손도사 손금풀이

㉒-7번 수명생명금이 굵고 기다랗게 생겨있고 그 안쪽으로 나란하게 또 생겨서 2개가 평행으로 기다랗게 그림처럼 생겨있으면 생명에너지가 2배로 강함을 나타내고, 특히 '체력과 정력'이 가장 강점이고, 생명력과 사랑에너지가 강하여 인생을 즐겁게 살 수 있음을 나타내는 행운손금이고, 이중생명금들은 좋은 손금입니다.

㉒-8 수명생명금(중간에 끊어진 형)

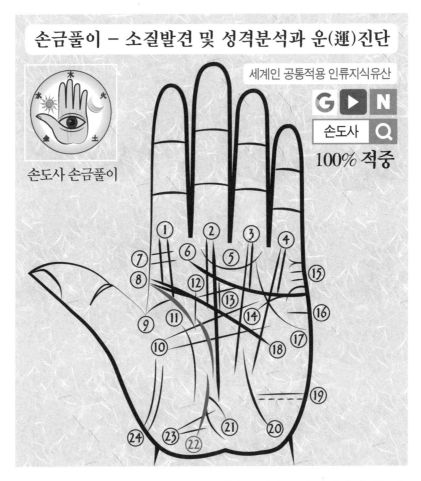

손금풀이 – 소질발견 및 성격분석과 운(運)진단

세계인 공통적용 인류지식유산

G ▶ N

손도사 Q

100% 적중

손도사 손금풀이

㉒-8번 수명생명금이 그림처럼 위쪽에서 끊어진 모양은 어릴 때에 '죽을 고비'를 나타내고, 아래쪽에서 끊어진 모양은 나이 들면서 큰 사고 또는 큰 질병 등으로 죽을 고비 또는 갑자기 죽게 됨을 나타내고, 이처럼 수명생명금이 중간에 끊어진 사람은 생명력이 약하기 때문이니 실제로 이러한 사람은 즉시 '종합운명진단'과 생명보험 가입이 꼭 필요합니다.

㉓ 과민고독금

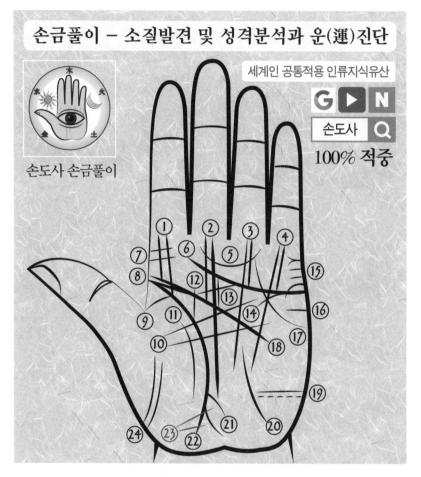

손금풀이 – 소질발견 및 성격분석과 운(運)진단

세계인 공통적용 인류지식유산

G ▶ N

손도사 Q

100% 적중

손도사 손금풀이

㉓번 손금이 손바닥 아래 부위에 1~2개가 그림처럼 ㉒번 굵고 기다란 수명생명금을 비스듬히 가로막은 모양으로 생겨있으면, 전생업살을 타고 나서 과민성·고독·격정성·분노조절장애·살(殺)기·감옥살이·성욕 구조절장애·성폭행·자위행위·평생 외로움·쓸쓸한 죽음 등을 나타내는 가장 나쁜 손금입니다.

㉓-1 과민고독금(평생 외로운 '고독살' 손금)

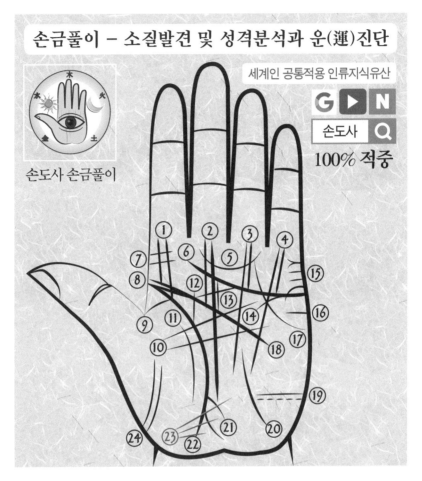

손금풀이 – 소질발견 및 성격분석과 운(運)진단

세계인 공통적용 인류지식유산

G ▶ N

손도사 🔍

100% 적중

손도사 손금풀이

㉓-1번 과민고독금이 손바닥 아래 부위에 그림처럼 비스듬히 가로막은 금들 중에서 어느 한 개라도 생겨있으면, 전생업으로 '고독살'을 타고나서 벌을 받아야 하기 때문에 남·여 성별 또는 사회적 신분 또는 빈·부에 상관없이 '평생 외로움'을 느끼고 살다가 99% 쓸쓸히 고독사를 당하게 됨을 나타내니, 실제로 공감을 하는 사람은 '종합운명진단'이 꼭 필요합니다.

㉓-2 과민고독금(전생업과 고독살 손금)

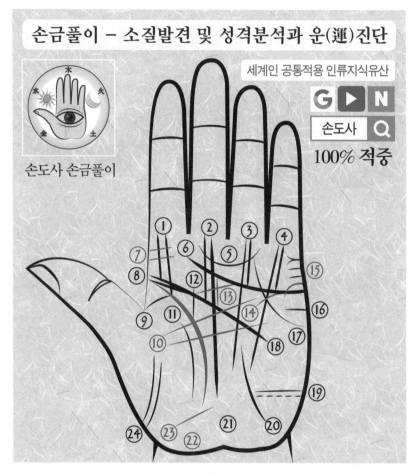

손금풀이 – 소질발견 및 성격분석과 운(運)진단

세계인 공통적용 인류지식유산

G ▶ N

손도사 Q

100% 적중

손도사 손금풀이

㉓-2번 과민고독금이 손바닥 아래부위에 그림처럼 생겨있고, 함께 ⑦번 상승운가로막힘의 절망금, ⑩번 진행운막힘의 손해실패금, ⑬번 칠성공줄의 열십자금, ⑭번 큰 상심의 마음고생금, ⑮번 비애의 이혼사별금, ㉒번 짧은수명금 등이 생겨있으면, 전생업과 고독살을 나타내고 이러한 사람들은 '종합운명진단'이 꼭 필요합니다.

㉔ 정열호색금

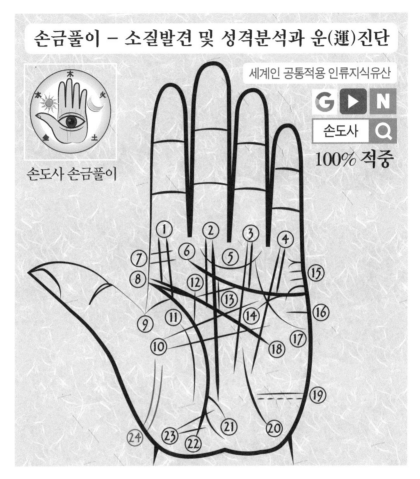

㉔번 손금이 엄지 밑둥의 살집이 두툼한 부위에 그림처럼 세로금들이 기다랗게 여러 개가 선명하게 생겨있으면 정열 및 정력이 강하고 호색적이며, 어려움에 처했을 경우에는 인복이 따르고, 선택적으로 조상의 음덕을 받게 되는 좋은 손금이며, 기색이 밝고 살집이 두툼하면 더욱 그러함을 나타냅니다.

㉔-1 정열호색금(연애운이 좋은 손금들)

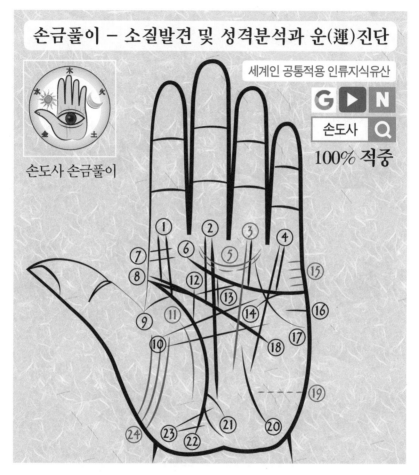

㉔-1번 정열호색금이 엄지 밑둥의 살집이 두툼한 부위에 여러 개 많이 생겨있고 기색이 밝으며 그림처럼 함께 ③번 기다란 성공금전인기금, ⑤번 감수성예민 관능매력금, ⑪번 사랑영향금, ⑮번 선명한 여러 개의 연애결혼금, ⑲번 자유방종방탕금 등이 생겨있으면, 대체로 연애운과 사랑운이 좋음을 나타냅니다.

㉕ 애정의 지조와 최고행운의 결혼손금

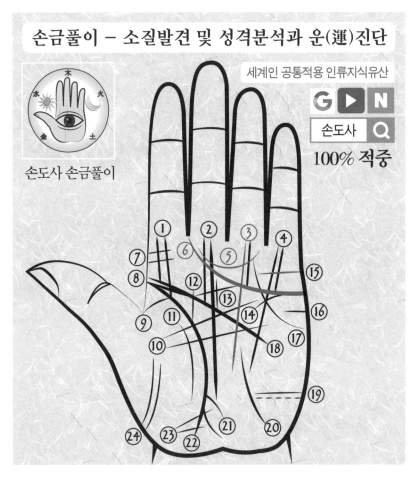

손금풀이 – 소질발견 및 성격분석과 운(運)진단

세계인 공통적용 인류지식유산

G ▶ N

손도사 Q

100% 적중

손도사 손금풀이

㉕번 애정의 지조와 최고행운의 결혼손금을 상세풀이하면, ③번 손금은 결과론적으로 '종합인생성공'을 나타내고, ⑤번 손금은 특히 여성들 중 상위 5%의 타고난 '관능매력'을 나타내고, ⑥번 손금은 사랑의 '진실과 순정'을 나타내고, ⑮번 손금 딱 한 개로 선명하고 기다랗게 생겨있는 결혼금은 사랑과 애정의 '지조'를 나타냅니다.

㉖ 결혼 성공 '운때'를 맞추는 타이밍 기술

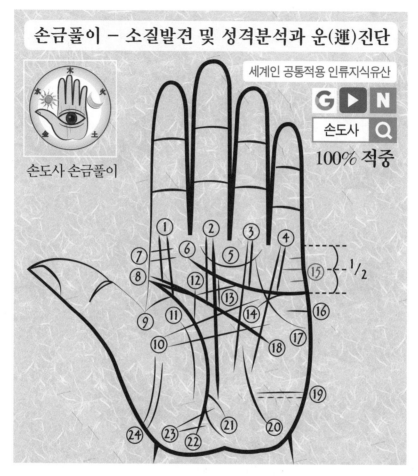

손금풀이 – 소질발견 및 성격분석과 운(運)진단

세계인 공통적용 인류지식유산

G ▶ N

손도사 Q

100% 적중

손도사 손금풀이

㉖번 결혼 성공 '운때'를 맞추는 타이밍 기술은 그림을 참고하여 새끼손
가락 맨아래쪽 마디금과 굵고 기다란 감정금 사이를 2등분하여 그 중간을
'일반결혼적령기'로 계산을 하고, 가장 선명하고 가장 기다랗고 잘생긴 가
로금을 기준으로 잘 맞추면 되고, 중간보다 아래쪽은 '일찍 결혼'을, 중간
보다 위쪽은 '늦게 결혼'을 꼭 맞추길 바랍니다.

㉗ 늦게 결혼하면 좋은 손금(100% 적중)

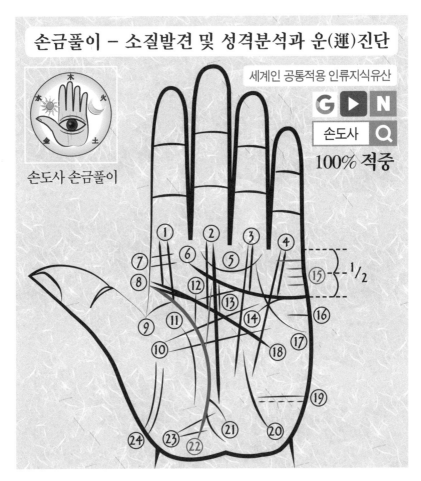

손금풀이 – 소질발견 및 성격분석과 운(運)진단

세계인 공통적용 인류지식유산

손도사 손금풀이

100% 적중

㉗번 늦게 결혼하면 좋은 손금(100% 적중)은 그림을 참고하여 새끼손가락 맨아래쪽 마디금에 가까이 '가장 기다란 가로금'이 생겨있거나 또는 굵고 기다란 ㉒번 생명금 중간쯤에서 그림처럼 상향가지금이 기다랗게 생겨있으면 30대 중반쯤 늦게 '결혼운때'를 맞추면 좋고, 이러한 사람이 일찍 결혼을 하면 100% 불행하게 됩니다.

㉘ 결혼운이 나쁘고 평생 일하는 여성 100% 적중

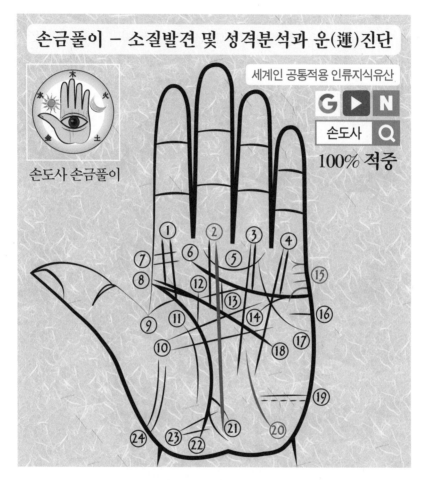

손금풀이 – 소질발견 및 성격분석과 운(運)진단

세계인 공통적용 인류지식유산

손도사 손금풀이

100% 적중

㉘번 결혼운이 나쁘고 평생 일하는 여성 100% 적중 손금은 새끼손가락 아래의 가로금 ⑮번 연애운과 결혼운 손금이 그림처럼의 나쁜 모양들 중 어느 한 개가 생겨있고, 함께 ②번 직업운세금이 그림처럼 기다랗게 생겨 있거나 또는 ⑳번 모험고생금이 선명하게 생겨있으면, 결혼운이 나쁘고 어릴 때부터 평생 동안 일하게 됨을 나타냅니다.

㉙ 일자형 막쥔손금

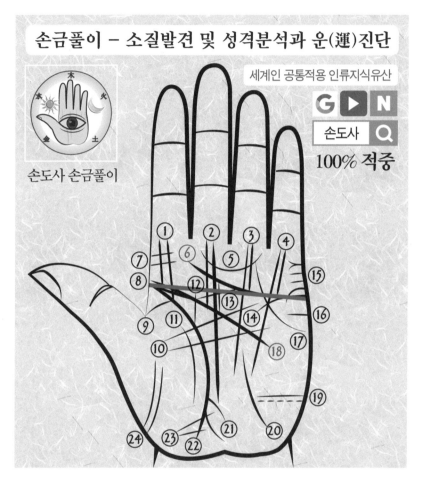

손금풀이 – 소질발견 및 성격분석과 운(運)진단

세계인 공통적용 인류지식유산

G ▶ N

손도사 Q

100% 적중

손도사 손금풀이

㉙번 일자형 막쥔손금이 ⑥번 감정금과 ⑱번 지능금이 합쳐져서 그림처럼 '완벽한 일자형'으로 생겨있으면 자기중심적 '외골수 기질'임을 나타내고, 교육수준과 수직손금 및 상향손금의 유·무에 따라서 대박 또는 쪽박이 될 수 있으며, 비슷하게 생긴 막쥔손금은 해석을 다르게 하고, 한쪽손만 막쥔손금이면 인생 중반에 100% 확률로 '큰 변화운'을 나타냅니다.

㉚ 왼손과 오른손의 손금이 다른 형

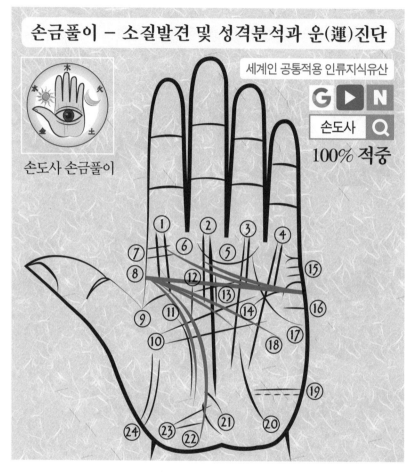

손금풀이 – 소질발견 및 성격분석과 운(運)진단

세계인 공통적용 인류지식유산

G ▶ N

손도사 Q

100% 적중

손도사 손금풀이

㉚번 왼손과 오른손의 손금이 다르게 생겨있는 경우로서, 특히 한쪽 손만 막쥔금이거나 또는 한쪽 손만 생명금과 두뇌금이 떨어져 있거나 또는 왼손과 오른손의 생명금·두뇌금·감정금 등이 다르게 생겨있거나 또는 왼손과 오른손의 수직금 및 상향금이 다르게 생겨있거나 등은 '소질 및 성격의 이중성과 큰 변동운' 등을 나타내니 '상세손금풀이'가 꼭 필요합니다.

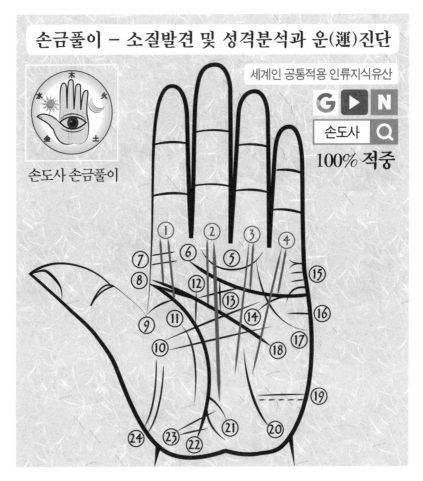

㉚번 성공·출세·부자의 필수 '4천왕 손금'은 그림처럼 네 손가락을 향한 수직손금 및 상향손금들을 가리키고, 국적 및 성별과 신분 및 직업에 상관없이 ①번, ②번, ③번, ④번 손금들이 기다랗게 모두 잘 생겨있고 나쁜 손금들이 없으면, 대체로 운세가 강하여 어느 분야에서든 성공 및 출세와 부자가 될 수 있는 가능성이 높은 좋은 손금들입니다.

㉜ 반드시 손해·실패를 당하는 손금

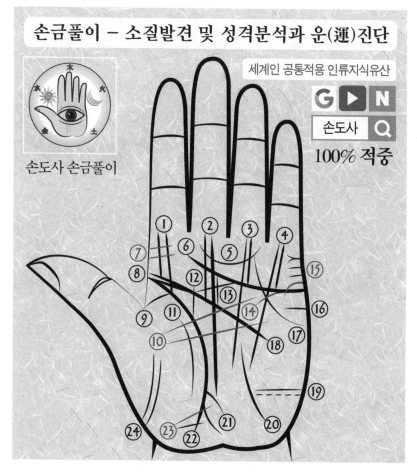

손금풀이 – 소질발견 및 성격분석과 운(運)진단

세계인 공통적용 인류지식유산

G ▶ N

손도사 Q

100% 적중

손도사 손금풀이

㉜번 반드시 손해·실패를 당하는 손금은 그럼처럼과 같이 ⑦번 상승운 가로막은 금, ⑩번 진행운 가로막은 금, ⑭번 배신당하는 하향가지금, ⑮번 비애의 이혼사별금, ㉓번 고독고립금 등이 생겨있으면, 좋은 손금들 4천왕 손금이 생겨있더라도 결과론적으로 나쁜 운 때문에 100% 확률로 '손해·실패 당함'을 나타내는 나쁜 손금들입니다.

㉝ 직업운세 손금이 길고 수명금이 기다란 형

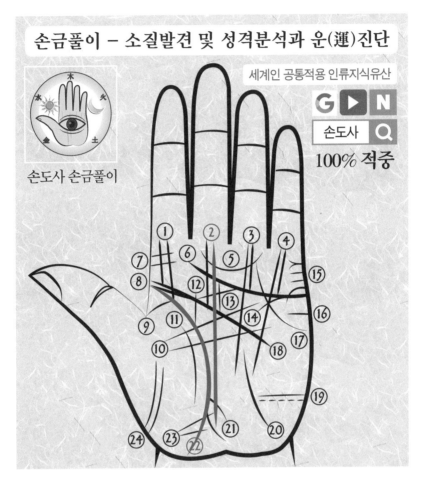

㉝번 손금풀이에서 ②번 손금은 사람 개인들 평생 동안의 직업 및 사회 경제활동의 운세를 가장 잘 나타내는 손금이고, 그림처럼 ②번 직업운세 금이 특별히 손바닥의 위쪽 중지손가락 마디금까지 닿을 정도로 기다랗게 생겨있고 함께 ㉒번 수명금까지 아주 기다랗게 생겨있으면, 90세쯤 노년 까지의 사회경제활동을 확실히 나타냅니다.

㉞ 직업운세 손금이 짧고 수명금이 짧은 형

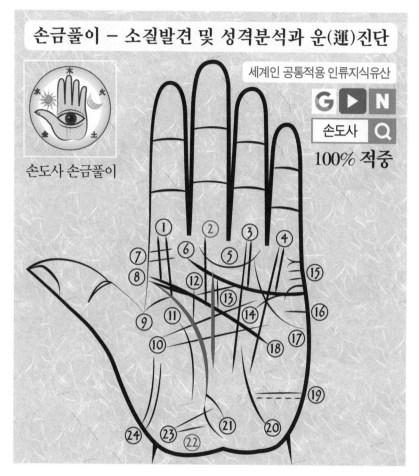

손금풀이 – 소질발견 및 성격분석과 운(運)진단

세계인 공통적용 인류지식유산

G ▶ N

손도사 Q

100% 적중

손도사 손금풀이

㉞번 손금풀이에서 그림처럼 ②번 직업운세금이 특별히 손바닥 위쪽의 중지손가락 아래 굵고 기다란 ⑥번 감정금쯤에서 멈춘 모양으로 생겨있고 함께 ㉒번 수명금이 그림처럼 짧게 생겨있으면, 대체로 60세쯤의 정년이 있는 직장생활 또는 변변치 않은 직업으로 사회경제활동을 하다가 갑자기 죽어버리게 됨을 나타냅니다.

㉟ 월급쟁이 직장 분야에 적합한 손금

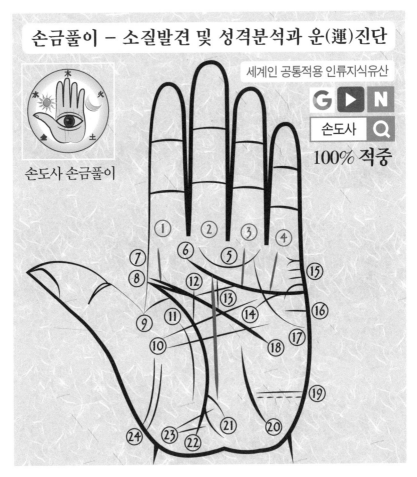

손금풀이 – 소질발견 및 성격분석과 운(運)진단

세계인 공통적용 인류지식유산

G ▶ N

손도사 Q

100% 적중

손도사 손금풀이

㉟번 월급쟁이 직장 분야에 적합한 손금은 그림처럼 특히 ②번 직업운세금이 굵고 기다란 ⑥번 감정금쯤에서 멈추어 있어야 하고, ①번 향상출세금, ③번 월급금전 인생후반금, ④번 기술 및 재주금 등 수직손금들이 그림처럼 대체로 짧게 생겨있으면, 안전한 월급쟁이 직장생활 분야가 적합합니다.

㊱ 공무원 등 월급쟁이 직장에서 성공하는 손금

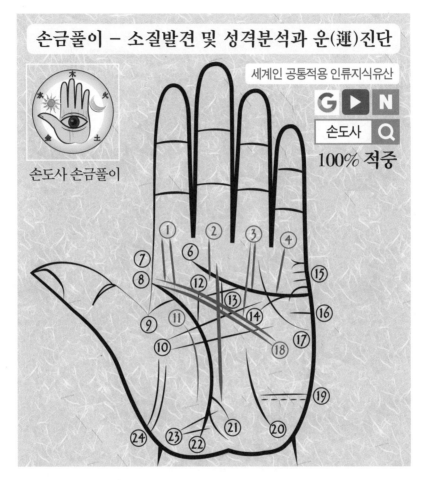

손금풀이 - 소질발견 및 성격분석과 운(運)진단

세계인 공통적용 인류지식유산

손도사

100% 적중

손도사 손금풀이

㊱번 공무원 등 월급쟁이 직장에서 성공하는 손금은 그림처럼 ②번 직업 운세금이 굵고 기다란 ⑥번 감정금의 위쪽까지 길게 생겨있거나 또는 나란하게 또 한 개가 생겨있어야 하고, ①번 야망출세금, ③번 손금, ④번 손금 등 수직금들이 잘생겨있고, 특히 ⑱번 두뇌금이 두 개가 나란히 생겨 있으면, 강한 운세와 우수한 두뇌 및 지능으로 반드시 성공을 하게 됩니다.

㊲ 월급쟁이 직장생활을 실패당하는 손금

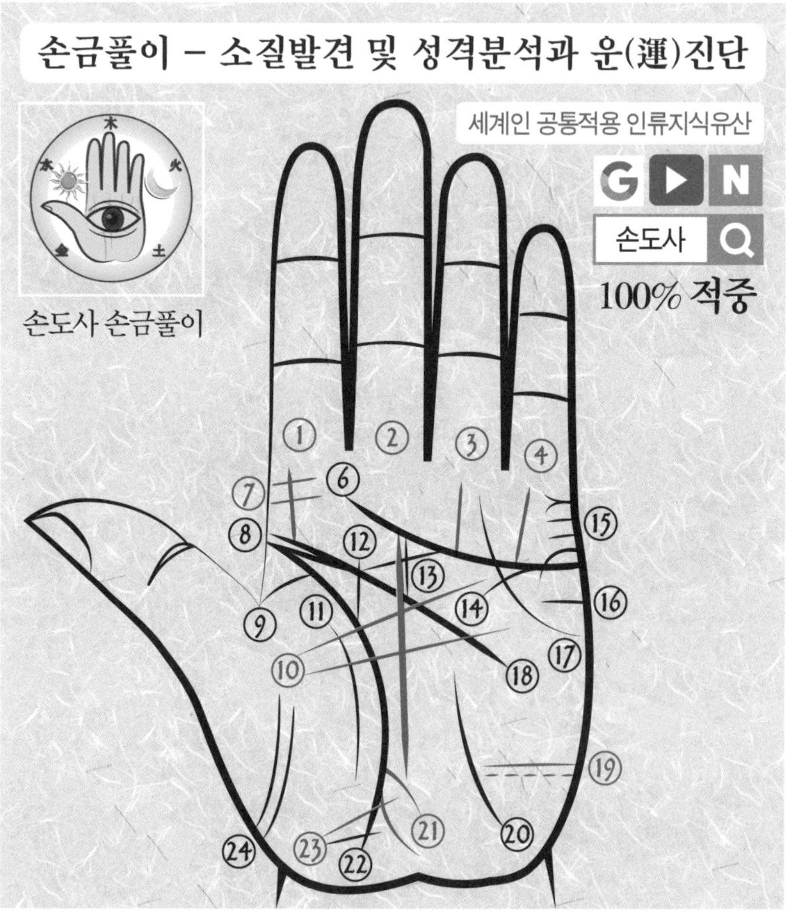

손금풀이 – 소질발견 및 성격분석과 운(運)진단
세계인 공통적용 인류지식유산
손도사
100% 적중
손도사 손금풀이
木
火
水
金
土
①
②
③
④
⑤
⑥
⑦
⑧
⑨
⑩
⑪
⑫
⑬
⑭
⑮
⑯
⑰
⑱
⑲
⑳
㉑
㉒
㉓
㉔

㊲번 월급쟁이 직장생활을 실패당하는 손금은 그림처럼 대체로 수직금들이 짧거나 또는 약하거나 또는 안 생겨있고, 함께 나쁜 손금들인 ⑦번 상승운 가로막은 금, ⑩번 진행운 가로막은 금, ⑲번 방종방탕탈선금, ㉑번 변동역마살금, ㉓번 고독고립금 등 중에서 2가지 이상이 생겨있으면, 100% 확률로 직장생활을 실패당하게 됩니다.

㉚ 프리랜서 독립활동에 적합한 손금

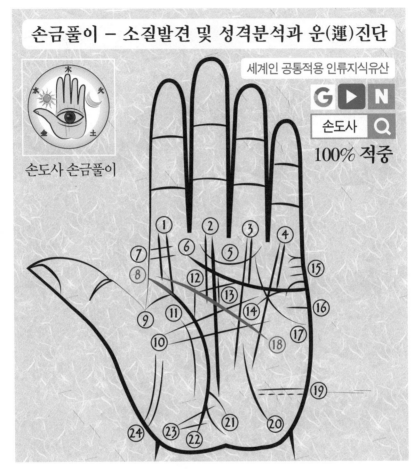

손금풀이 – 소질발견 및 성격분석과 운(運)진단

세계인 공통적용 인류지식유산

G ▶ N

손도사 Q

100% 적중

손도사 손금풀이

㉚번 프리랜서 독립활동에 적합한 손금은 굵고 기다란 생명금과 굵고 기다란 두뇌금이 출발을 하는 ⑧번 부위에서 서로 떨어져 ⑱번 독립두뇌금 모양으로 생겨있으면, '강한 기질'을 타고나 간섭 및 속박을 싫어하기 때문에 이러한 사람은 '프리랜서 독립활동'이 적합합니다. 한쪽 손만 떨어져있고 ⑦번, ⑩번 손금이 생겨있으면 '일 실패'를 당합니다.

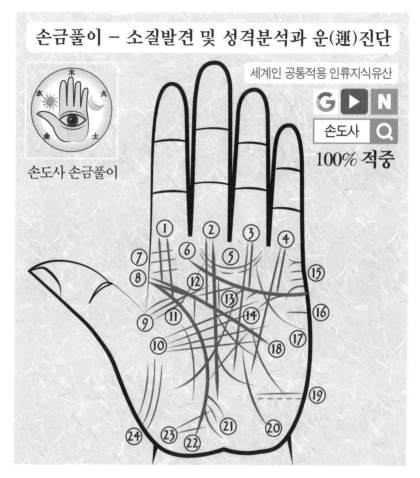

손금풀이 – 소질발견 및 성격분석과 운(運)진단

세계인 공통적용 인류지식유산

손도사

100% 적중

손도사 손금풀이

㊵번 정신활동 분야에 적합한 손금은 그림처럼 손바닥에 굵고 기다란 손금들과 짧거나 가느다란 손금들이 엄청 많이 생겨있고, 또한 손이 작고 손가락이 대체로 길거나 가늘거나 매끄럽고, 손바닥의 피부가 부드럽고 깨끗하고 외모까지 지성적이면, 섬세한 지식노동 및 정신활동 분야에 적합함을 나타냅니다.

㊵ 육체활동 분야에 적합한 손금

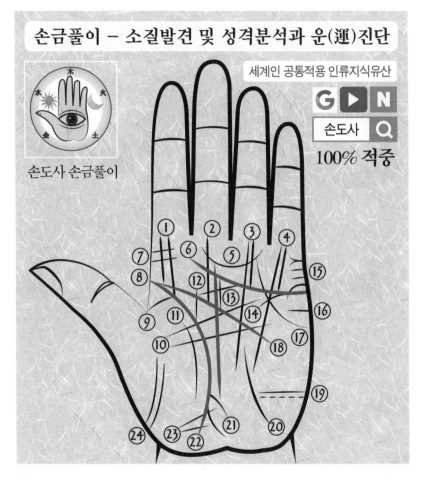

손금풀이 – 소질발견 및 성격분석과 운(運)진단

세계인 공통적용 인류지식유산

G ▶ N

손도사 Q

100% 적중

손도사 손금풀이

㊵번 육체활동 분야에 적합한 손금은 그림처럼 손바닥에 굵고 기다란 기본손금들만 3개에서 10개쯤 적게 생겨있고, 또한 엄지 밑둥과 손아귀가 발달해 있고 손가락이 짧고 마디가 발달해 있고 피부가 거칠고 손바닥이 딱딱하면 육체노동 및 육체활동 분야가 적합하고, 이처럼 손금 개수가 적은 사람은 반드시 사주와 얼굴을 함께 봐야 합니다.

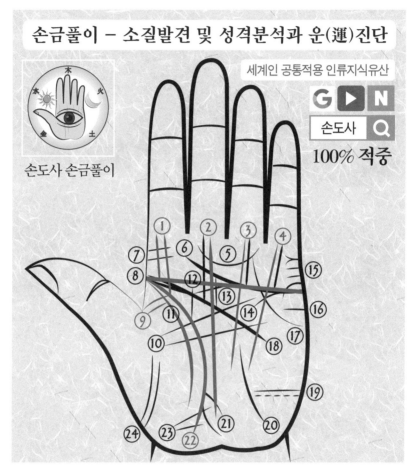

손금풀이 – 소질발견 및 성격분석과 운(運)진단

세계인 공통적용 인류지식유산

손도사 손금풀이

100% 적중

㊷번 프로운동선수에 적합한 손금은 특히 ⑨번 공격투쟁금과 ㉒번 생명금이 굵고 깊게 그리고 가장 선명하게 생겨있거나 또는 두 개가 나란히 생겨있거나 특히 일자형 막쥔손금이 생겨있으면 정신력과 체력이 강하여 프로운동선수가 적성에 알맞고, 그림처럼 ①번, ②번, ③번, ④번 4천왕 수직금들이 쭉쭉 기다랗게 생겨있으면 '큰 성공'을 할 수 있습니다.

㊷ 기획·연구·개발 등 분야에 적합한 손금

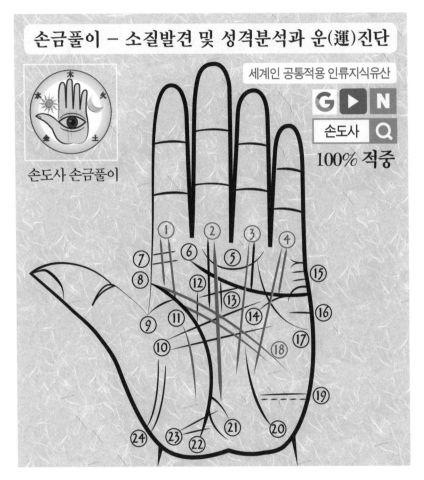

손금풀이 – 소질발견 및 성격분석과 운(運)진단

세계인 공통적용 인류지식유산

손도사 손금풀이

100% 적중

㊷번 기획·연구·개발 등 분야에 적합한 손금은 특히 굵고 기다란 ⑱번 두뇌지능금이 그림처럼 비스듬히 곡선으로 아주 기다랗게 생겨있거나 또는 두 개가 나란히 생겨있으면 상상력 및 연구력과 두뇌가 뛰어나 적성에 알맞고, 함께 ①번, ②번, ③번, ④번 4천왕수직금들이 쭉쭉 기다랗게 생겨있고 나쁜 손금들이 없으면 '큰 성공'을 할 수 있습니다.

㊸ 디자인·패션·아트 등 분야에 적합한 손금

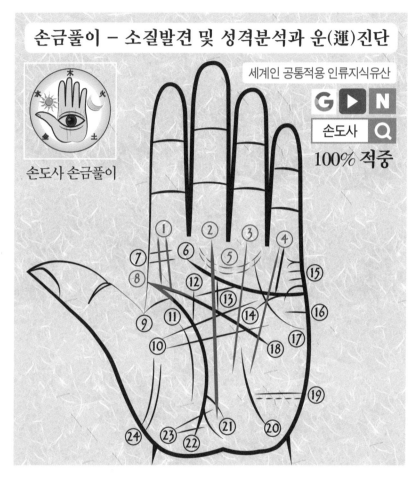

손금풀이 – 소질발견 및 성격분석과 운(運)진단

세계인 공통적용 인류지식유산

G ▶ N
손도사 Q
100% 적중

손도사 손금풀이

㊸번 디자인·패션·아트 등 분야에 적합한 손금은 특히 ⑤번 손금부위에 그림처럼 토막선들이 생겨있으면 감수성예민·색체감각·패션감각·미적 감각 등이 좋기 때문에 ⑤번 손금이 생겨있고 또한 ⑧번 부위가 붙어있는 신중성 및 섬세함으로 생겨있으면 적성에 알맞고, ①번, ②번, ③번, ④번 4천왕수직금들이 모두 생겨있으면 '성공'을 할 수 있습니다.

㊹ 연예인 · 예능 · 예술 등 분야에 적합한 손금

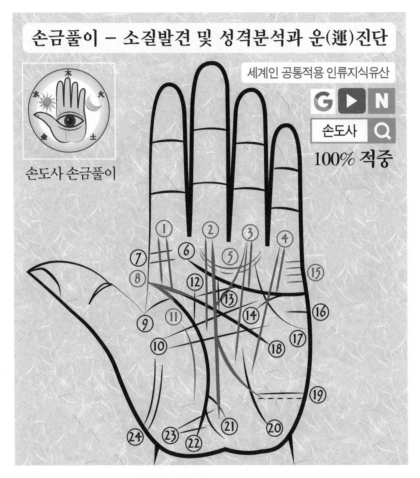

손금풀이 – 소질발견 및 성격분석과 운(運)진단

세계인 공통적용 인류지식유산

G ▶ N

손도사 Q

100% 적중

손도사 손금풀이

㊹번 연예인 · 예능 · 예술 등 분야에 적합한 손금은 특히 ⑤번 손금들이 생겨있고, ⑮번 손금이 많이 생겨있고, 특히 ②번 직업운세금이 아주 기다랗게 생겨있고 ②번 손금에 상향금이 합치거나 상향가지금이 생겨있거나 하고, 4천왕수직금들이 많이 기다랗게 잘생겨있으면 '큰 성공'을 하고 100억대 및 1,000억대의 부자가 될 수 있습니다.

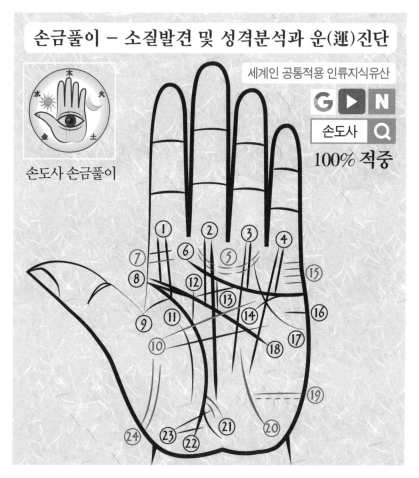

㊺번 술집 화류계의 종사원에 적합한 손금은 특히 ⑤번 감수성예민·미적 감각·색정관능미 등 손금이 생겨있고, ⑮번 연애결혼금이 많이 생겨있고, ⑲번 방종방탕금이 생겨있고, ⑳번 젊은 나이 모험고생금과 ㉑번 변동역마살금과 ㉔번 정열호색금 등이 생겨있고, ⑦번, ⑩번 가로금들이 생겨있으면 타고난 천성과 운이 서비스직업에 적합함을 나타냅니다.

㊻ 종교성직자 및 점술가 분야에 적합한 손금

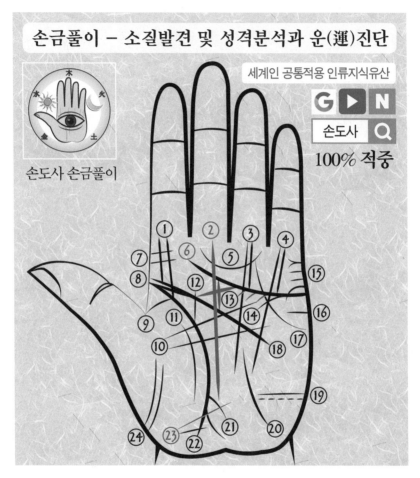

손금풀이 – 소질발견 및 성격분석과 운(運)진단

세계인 공통적용 인류지식유산

G ▶ N

손도사 Q

100% 적중

손도사 손금풀이

㊻번 종교성직자 및 점술가 분야에 적합한 손금은 특별히 ⑥번 감정금의 중간에서 긍휼심과 자비심의 약한 마음을 나타내는 하향가지선이 생겨있고, ㉓번 고독금이 생겨있어야 하고, 그림처럼 ②번 직업운세금이 짧아서 '열십자금'으로 생겨있으면 평생 동안 '청빈'으로 살게 되고, ②번 직업 운세금과 수직금들이 기다랗게 많이 생겨있으면 '성공함'을 나타냅니다.

㉘ 정치·의원·단체장으로 출세하는 손금

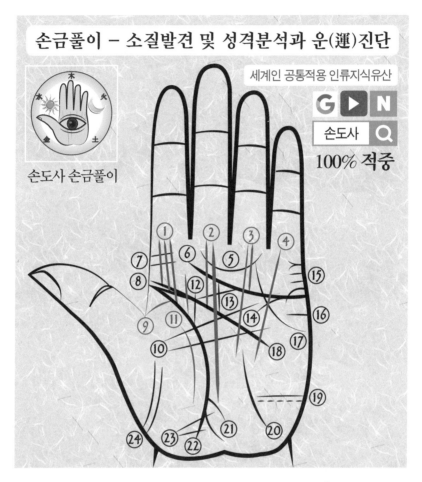

손금풀이 – 소질발견 및 성격분석과 운(運)진단

세계인 공통적용 인류지식유산

G ▶ N
손도사 Q
100% 적중

손도사 손금풀이

㉘번 정치·의원·단체장으로 출세하는 손금은 특별히 ①번 손금 검지 손가락 아래부위에서 상향금 및 수직금들이 기다랗고 많이 생겨있어야 하고, 손아귀부위의 ⑨번 손금과 ⑪번 손금이 생겨있고 함께 ②번, ③번, ④번 수직금들이 쭉쭉 뻗쳐오르면, 야망심 및 공격투쟁심과 끈질김으로 선거에서 이기고, 출세운과 성공운까지 잘 따라줌을 나타냅니다.

㊽ 정치 · 의원 · 단체장에 낙선 및 실패하는 손금

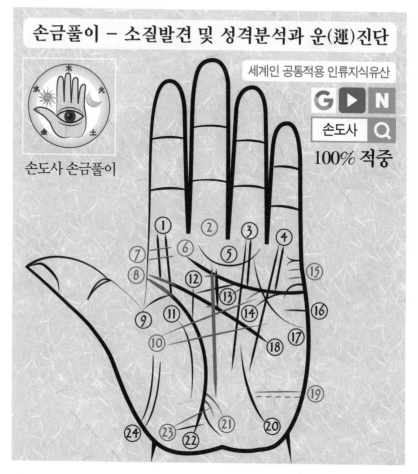

손금풀이 – 소질발견 및 성격분석과 운(運)진단

손도사 손금풀이

세계인 공통적용 인류지식유산

G ▶ N
손도사 Q

100% 적중

㊽번 정치 · 의원 · 단체장에 낙선 및 실패를 하고, 구설 · 망신 · 관재수를 당하는 손금은 특히 ②번 손금이 짧거나 중간에 가로금이 생기고, ⑥번 손금의 하향가지금, ⑦번 상승운가로막은 금, ⑧번 한쪽 손만 떨어진 금, ⑩번 손바닥 가운데를 기다랗게 가로막은 금, ⑮번 결혼 실패금, ⑲번 방종탈선금, ㉑번, ㉓번 고독고립금 등이 생겨있으면 실패를 당합니다.

㊾ 장사 · 영업 · 개인사업에 적합한 손금

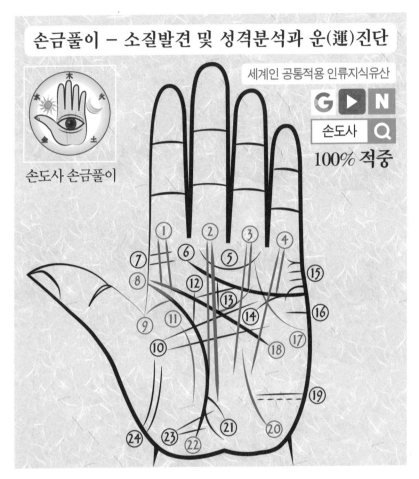

손금풀이 – 소질발견 및 성격분석과 운(運)진단

세계인 공통적용 인류지식유산

G ▶ N

손도사 Q

100% 적중

손도사 손금풀이

㊾번 장사 · 영업 · 개인사업에 적합한 손금은 그림처럼 수직금 및 상향금들이 기다랗고 많이 생겨있어야 하고, 특히 ⑧번 손금, ⑨번 손금, ⑪번 손금, ⑳번 손금 등이 생겨있거나 ⑱번 두뇌금의 중간에서 새끼손가락을 향한 상향가지선이나 ㉒번 생명금의 중간 아래쯤에서 기다란 상향가지금이 쭉 뻗쳐오르면, 타고난 천성과 운이 '개인사업 분야'에 적합합니다.

(50) 장사 · 영업 · 개인사업 등을 반드시 성공하는 손금

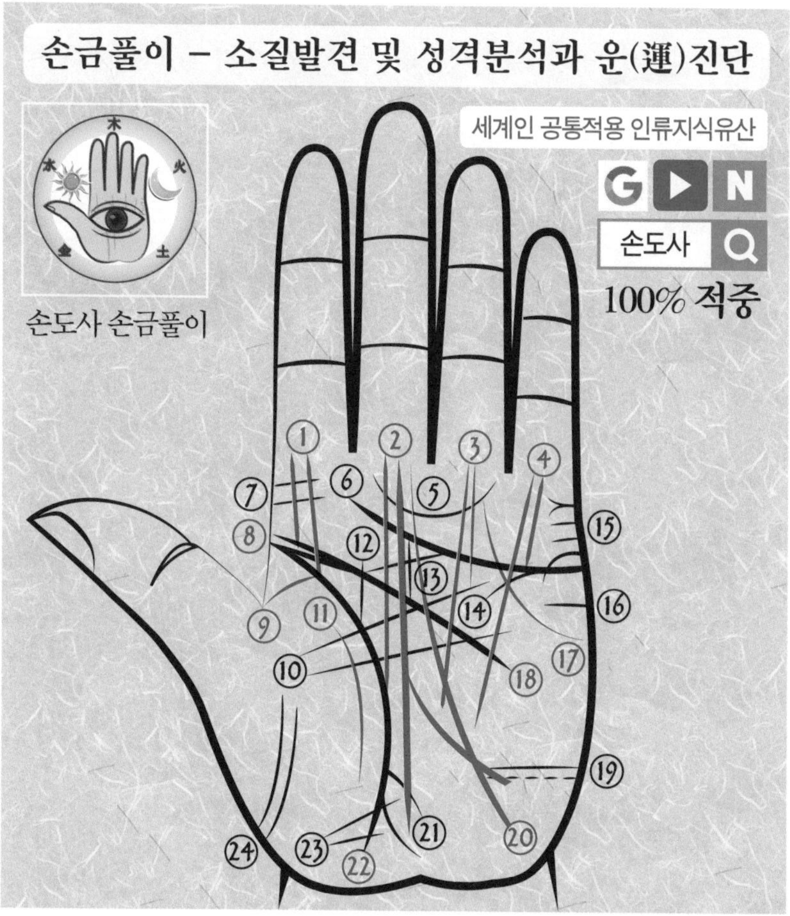
손금풀이 – 소질발견 및 성격분석과 운(運)진단
세계인 공통적용 인류지식유산
손도사
100% 적중
손도사 손금풀이
① ② ③ ④ ⑤ ⑥ ⑦ ⑧ ⑨ ⑩ ⑪ ⑫ ⑬ ⑭ ⑮ ⑯ ⑰ ⑱ ⑲ ⑳ ㉑ ㉒ ㉓ ㉔

(50)번 장사 · 영업 · 개인사업 등을 반드시 성공하는 손금은 손바닥에 가로막은 손금 및 하향가지선 등이 전혀 없고, 그림처럼 ①번, ②번, ③번, ④번 4천왕수직금들이 모두 기다랗게 많이 생겨있고, 또한 상향금들이 기다랗게 많이 생겨있으면 평생 동안 운세가 강하여 100억 및 1,000억대 '부자'가 될 수 있음을 확실히 나타냅니다.

�푼 장사·영업·개인사업을 100% 실패하는 손금들

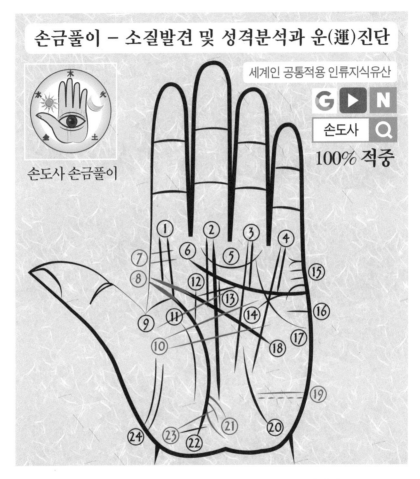

손금풀이 - 소질발견 및 성격분석과 운(運)진단

세계인 공통적용 인류지식유산

G ▶ N

손도사 Q

100% 적중

손도사 손금풀이

㉑번 장사·영업·개인사업·돈투자 등에서 100% 실패하는 손금들은 나쁜 손금들 ⑦번 상승운가로막은 금, ⑧번 한쪽 손만 떨어진 금, ⑩번 손바닥 가운데를 기다랗게 가로막은 금, ⑲번 방종방탕탈선금, ⑳번 불안정역마살금, ㉓번 고립고독살금 등이 생겨있으면, 아무리 노력을 하더라도 운(運)이 가로막히고 나빠서 100% '손해실패당함'을 나타냅니다.

(52) 부모사업 후계자로 적합 겸 성공하는 손금

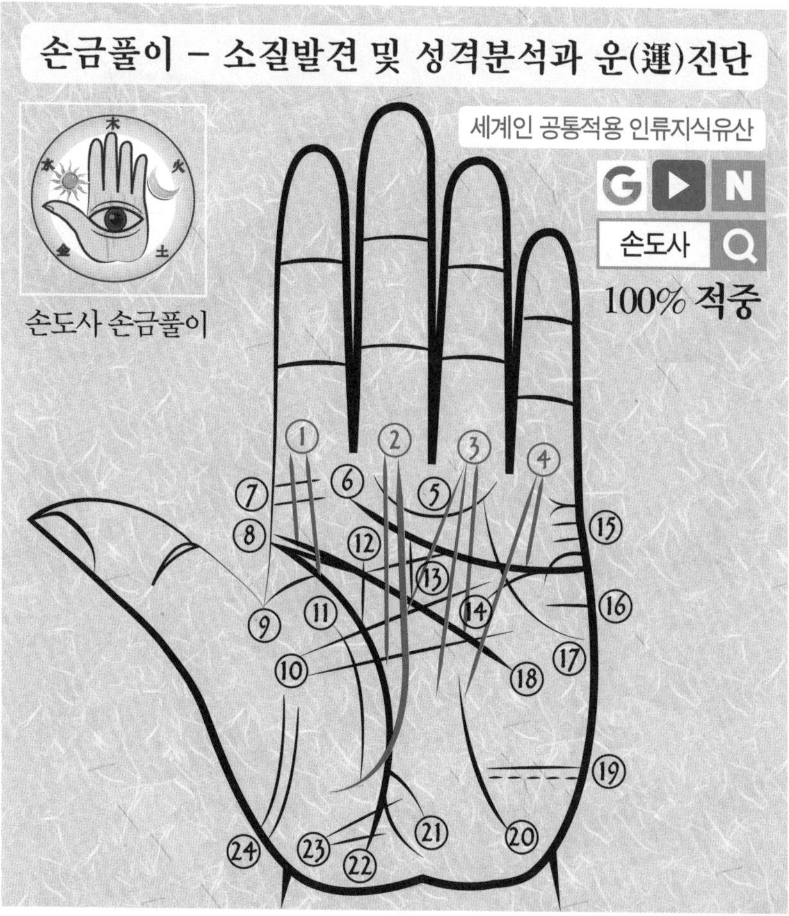
손금풀이 - 소질발견 및 성격분석과 운(運)진단
세계인 공통적용 인류지식유산
G N
손도사
100% 적중
손도사 손금풀이
① ② ③ ④ ⑤ ⑥ ⑦ ⑧ ⑨ ⑩ ⑪ ⑫ ⑬ ⑭ ⑮ ⑯ ⑰ ⑱ ⑲ ⑳ ㉑ ㉒ ㉓ ㉔

(52)번 부모사업 후계자로 적합 겸 성공하는 손금은 특히 ②번 직업운세금이 생명금 안쪽에서 출발형이 가장 많고, 그림처럼 ①번, ②번, ③번, ④번 4천왕수직금들이 2개씩 또는 기다랗게 잘생겨있고, 특히 ②번 직업운세금이 기다랗게 2개가 생겨있고 상향가지선까지 생겨있고, ⑦번, ⑩번, ㉓번 나쁜 손금들이 없으면 '큰 성공'을 할 수 있습니다.

(53) 로또 1등 당첨 등 횡재운 손금

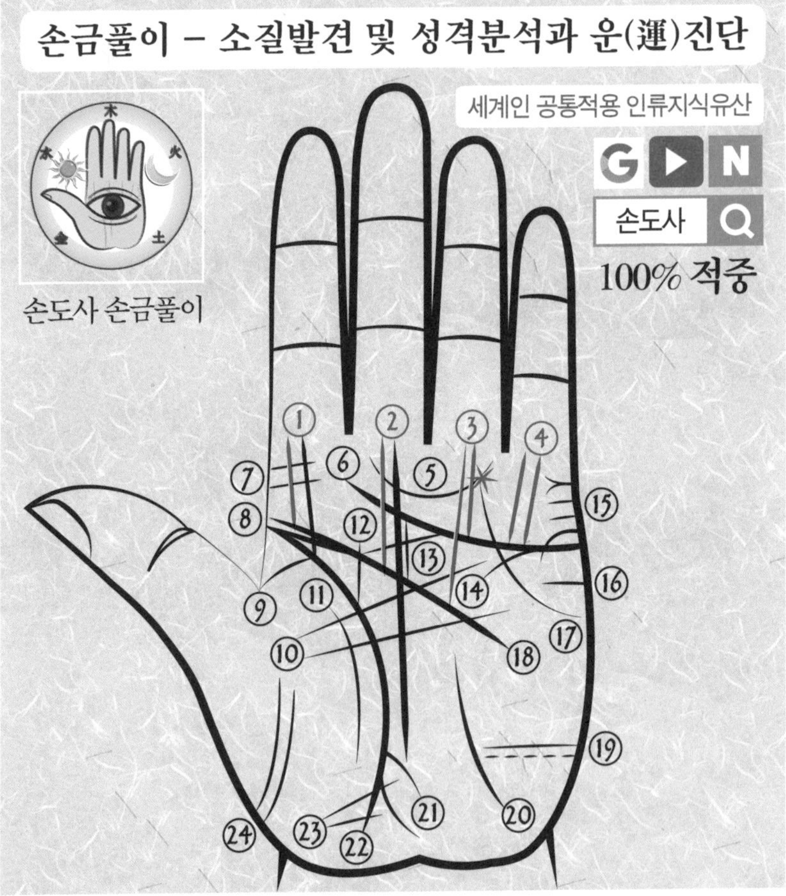

(53)번 로또 1등 당첨 등 횡재운 손금은 특히 약지 아래부위와 소지 아래부위에 가장 잘 나타내주고, 그림처럼 ③번 손금 및 별문양이나 ④번 손금이 선명하게 생겨있어야 하고, 반드시 '좋은 꿈'을 꾸어야 하며 꿈풀이를 잘하고 복권을 구입하는 날짜 택일을 잘해서 잘 맞추면, 이러한 사람은 로또 1등 당첨 등 횡재운을 반드시 잡을 수 있습니다.

㉞ 각종 사고와 질병으로 빨리 죽는 손금들

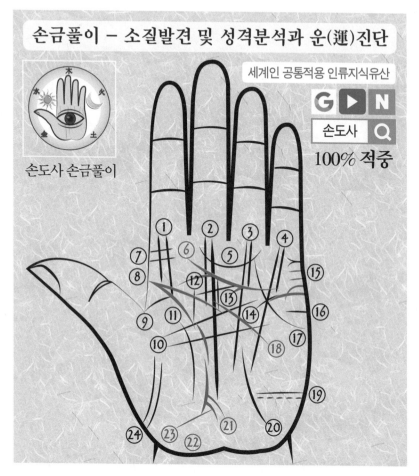

손금풀이 – 소질발견 및 성격분석과 운(運)진단

세계인 공통적용 인류지식유산

G ▶ N

손도사 Q

100% 적중

손도사 손금풀이

㉞번 빨리 죽는 손금들은 그림처럼 기본 3대손금 중 어느 한 개가 중간에 끊겨있거나 또는 ㉒번 수명생명금이 짧게 생겨있거나 또는 ㉑번 손금 및 ㉓번 손금이 생겨있거나 등이고, ⑮번 손금은 그 배우자가 해당이 되고, 위 나쁜 손금들 중 어느 한 개가 생겨있고 부모님이 각종 사고 및 질병으로 수명이 단명했으면, 이러한 사람은 '종합운명진단'이 꼭 필요합니다.

손도사 손금풀이 운명자가진단

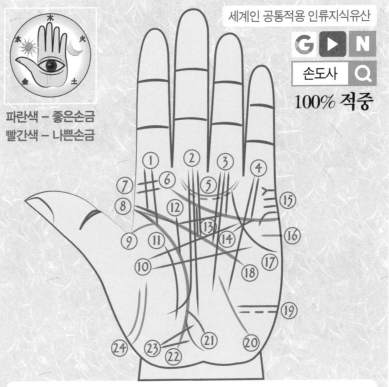

세계인 공통적용 인류지식유산

G ▶ N

손도사 Q

100% 적중

파란색 – 좋은손금
빨간색 – 나쁜손금

① 상승출세금 ② 직업운세금 ③ 성공금전금 ④ 재주사업금
⑤ 관능매력금 ⑥ 심장감정금 ⑦ 절망좌절금 ⑧ 신중독립금
⑨ 공격투쟁금 ⑩ 손해실패금 ⑪ 생명영향금 ⑫ 노력개운금
⑬ 칠성십자금 ⑭ 상심비관금 ⑮ 이별이혼금 ⑯ 인내저항금
⑰ 인내성공금 ⑱ 두뇌지능금 ⑲ 방종방탕금 ⑳ 모험고생금
㉑ 변동역마금 ㉒ 수명생명금 ㉓ 과민고독금 ㉔ 정열호색금

※ 세계인 공통적용 100% 손도사 손금풀이의 더욱 상세한 내용은
구글, 유튜브, 네이버에서 '손도사'를 꼭 검색해 보시기 바랍니다~.

6) 손도사 손금풀이 '운명자가진단' 총 정리 글

이 책 《손금풀이 도해》는 1990년도부터 그동안의 저술책과 2020년 3월부터 2021년 7월까지 유튜브채널 '손도사 손금풀이' 총 조회수 약 300만, 동영상 70개를 모아서 체계적으로 '재편집'을 한 인류지식유산입니다.

손도사 손금풀이의 손금들 중에서 ①번, ②번, ③번, ④번, ⑪번, ⑫번, ⑰번 손금들은 대체로 '좋은 손금'이고, ⑦번, ⑧번, ⑩번, ⑬번, ⑭번, ⑮번, ⑲번, ㉑번, ㉓번 손금들은 '나쁜 손금'이며. 위 손금들 중에서 ①번, ②번, ③번, ④번 수직금들은 성공의 필수 '4천왕 손금'이라 하며, 손금풀이는 기본 3대손금 및 세로 4대손금과 상향손금 및 상향가지선들이 많이 또는 기다랗게 잘 생겨있을수록 운세가 강함을 나타냅니다…….

사람들 개인의 손금은 과거전생 때의 인과 및 습성과 부모조상의 유전성이 함께 섭리 및 법칙으로 작용하여 각 개인들의 소질 및 성격과 운(運)

손도사 손금풀이 운명자가진단

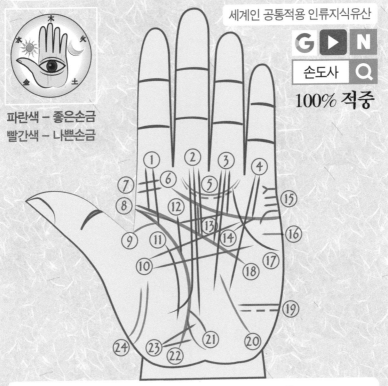

세계인 공통적용 인류지식유산

G ▶ N

손도사 **Q**

100% 적중

파란색 – 좋은손금
빨간색 – 나쁜손금

① 상승출세금 ② 직업운세금 ③ 성공금전금 ④ 재주사업금
⑤ 관능매력금 ⑥ 심장감정금 ⑦ 절망좌절금 ⑧ 신중독립금
⑨ 공격투쟁금 ⑩ 손해실패금 ⑪ 생명영향금 ⑫ 노력개운금
⑬ 칠성십자금 ⑭ 상심비관금 ⑮ 이별이혼금 ⑯ 인내저항금
⑰ 인내성공금 ⑱ 두뇌지능금 ⑲ 방종방탕금 ⑳ 모험고생금
㉑ 변동역마금 ㉒ 수명생명금 ㉓ 과민고독금 ㉔ 정열호색금

※ 세계인 공통적용 100% 손도사 손금풀이의 더욱 상세한 내용은
구글, 유튜브, 네이버에서 '손도사'를 꼭 검색해 보시기 바랍니다~.

을 정확하게 나타냅니다.

《손금풀이 도해》는 손도사가 입산수도로 '신통술초월명상기도'를 할 때 하늘신(神·God)들로부터 영적으로 전수를 받았고, 하산(下山) 후 약 10만 명을 운명감정 및 인생상담을 해 주면서 '검증'이 된 운명정보입니다.

《손금풀이 도해》는 동양인 및 서양인과 세계 모든 민족 및 사람들에게 '공통적용'을 할 수 있고, 사람 개인의 '소질발견 및 성격분석과 운명진단'의 세계표준이 되었습니다. 이 책에 실려있는 손금 명칭들 및 손금에 살(殺)적용과 그림표현 방식 등은 손도사가 평생 연구한 '손도사 창작물'로서 세계지식재산보호대상물임을 명시해 두고, 인류지식유산의 '손도사 손금풀이'가 사람 개인들의 소질발견 및 성격분석과 운명진단 및 감정에 널리 사용되길 바라면서 세상 끝까지 전파되길 소망합니다!!

현재 손도사는 손금풀이의 세계 1등으로서 손금풀이의 전설이 되었고, 이 세상에 왔다 가면서 좋은 일 한 가지를 남길 생각에 인류발전을 위한 가치관으로, 평생 연구한 손금풀이를 '인류지식유산'으로 남기고자 《손금풀이 도해》를 책으로 엮어 진심을 담아 세상에 전달합니다…….

이 손금풀이 책의 손금들 중에서 특히 나쁜 손금들 ⑦번 손금, ⑧번 손금, ⑩번 손금, ⑬번 손금, ⑭번 손금, ⑮번 손금, ⑲번 손금, ㉑번 손금, ㉓번 손금들이 실제로 생겨있고 운(運)이 나쁜 사람들과 생명금·두뇌금·감정금 등의 기본 3대손금이 중간에 끊겨있거나 생명금이 짧게 생겨있는 사람들 그리고 좋은 손금들이 실제로 생겨있고 야망이 큰 사람들은 모두가 상세손금풀이 + 사주풀이 + 이름풀이 + 얼굴관상 + 전생과 핏줄운내림 등을 동시에 함께 봐주는 손도사 '종합운명진단'을 꼭 한 번 받아보시길 진심으로 알려드립니다…….

정확한 평생운명진단과 방법 및 해법을 다 가르쳐 줍니다.

혼자 고민하지 말고, 세계 어느 곳에서든 누구든 문의바랍니다~.

전화는 010-5105-5000번이고, 꼭 필요한 분만 예약을 바랍니다.

타고난 소질발견 및 성격분석과 100가지의 운(運)을 정확히 알면, 누구나 성공 또는 출세를 할 수 있고 부자가 될 수 있고 또한 한 가지 분야에서 1등이 될 수 있습니다…….

제2부

손재찬 도사 어록 880

손재찬 도사 어록 880

좋은 책 한 권으로 평생 동안 잘 사는 인생지혜를…….

"세상과 인생은 아는 만큼 보이고, 능력과 운(運)으로 살아간다."

사람의 주인공은 영혼이고, 영혼들은 윤회의 법칙에 따라 삼생(三生)을 살아가고, 사람의 몸을 받아 이 세상에 다시 태어날 때는 전생의 업(業)에 따른 인연법으로 '유유상종'의 부모를 만나고, 또다시 조상부모님의 핏줄업(業)내림이 함께 작용하면서 각각의 사람에게는 운(運)으로 작용하여 운수·운세·운때 그리고 그 사람의 '운명(運命)'이 됩니다.

일단 이 세상에 사람으로 태어났으면, 타고난 소질 및 성격분석과 두뇌 및 신체조건 등 자기 자신의 유리한 것을 잘 계발하여 죽을 때까지 살아남기 위한 '무한경쟁' 속에서 어떻게든 성공출세를 해야 하고, 부자가 되어야 하고, 무병장수하면서 반드시 '행복'해야 하며 책을 읽고 깨우침과 깨달음으로 '영혼진화'를 계속해 나아가야 합니다.

성공출세와 부자가 되려면 가장 먼저 아는 것이 많아야 합니다.

부자가 되려면 직업을 잘 가져야 하고, 그리고 투자와 영업 및 사업을 알아야 하고, 마케팅을 잘 해야 하며 자본주의 경쟁사회에서는 반드시 경제관념을 가지고 '부동산과 금융'을 많이 알아야 합니다.

반드시 운때 운(運)타이밍을 잘 맞춰야 하고, 잘 아는 것에만 투자를 잘 해야 하며 죽을 때까지 '자산관리와 돈관리'를 잘 해야 합니다.

모든 운(運)은 오르막 내리막이 있고, 크게 움직이는 대운(大運)은 약 100년 주기 및 10년 주기이고, 작게 움직이는 소운(小運)은 약 4년 주기이니 운때에 잘 맞춰서 '변동계획'을 잘 세워야 합니다.

21세기 첨단과 혼돈의 불확실시대에는 인공지능 및 로봇과 '직업경쟁'을 해야 하고, 각종 사고발생의 위험들? 그리고 태풍 및 홍수와 바이러스 및 괴질 등 수 많은 '재앙들'로부터 반드시 살아 남아야 합니다.

끝까지 살아남는 사람이 최후의 승리자입니다.

타고난 업살(業煞) 때문에 몸이 아픈 사람도, 손해와 실패를 당한 사람도, 직업이 없는 사람도, 이혼을 당한 사람도, 평생 동안 가난한 사람도 모두가 자기 자신의 타고난 사주 + 손금 + 얼굴 + 전생과 핏줄운내림을 동시에 함께 봐주는 '종합운명진단'을 꼭 한 번 받아보고, 그리고 또다시 시작을 해야 합니다.

마지막 인생 포기를 할 때까지는 결코 실패가 아닙니다. 결코 쓰러지지 않는 '오뚝이처럼' 다시 일어서야 하고, 꼭 '인생역전'을 해내야 합니다.

21세기 자본주의사회에서는 '인생 3단계' 성공발전의 방법으로 누구든 1단계로 자기 앞가림 민생고 해결 1억 원은 모아야 하고, 2단계로 10억 원은 모아야 하며, 3단계로 평생 동안 100억 원쯤의 '자산가'가 되어야만 하고 싶은 것을 할 수가 있고, 진정한 행복을 누릴 수 있습니다.

21세기 산업과 문화에서 혁명이 일어나고 있는 '제4의 물결' 새로운 시대와 코로나바이러스 팬데믹으로 모든 생활방식이 송두리째 바뀌는 '제4의 물결' 새로운 시대에는 새로운 삶의 방식으로 살아가야 하고, 이러한 혼돈과 불확실시대에는 '좋은 책'을 꼭 읽으면서 생존과 성공방법을 배우고, 깨우침과 깨달음을 얻어 우리의 주인공 영혼 진화를 해가면서 삶의 진짜 목표인 '해탈과 대자유'도 꼭 이루어야 합니다.

21세기를 살아가는 현대인들은 모두가 ① 부유함 ② 무병장수 ③ 깨달음 등 '인생 3박자'를 함께 꼭 성공시켜야 합니다…….

위 3가지 중에서 어느 한쪽이라도 부족하면 결코 안 됩니다.

필자는 젊은 나이 때부터 사업을 하면서 의지할 데가 없으니 산전수전을 다 겪어 보았고, 다양한 경험들을 통해 계속 배우고 터득을 하면서 부동산과 금융으로 성공을 하고, 나름대로 분야별 한국 최고로 큰 사업을 하다가 큰 사고로 쓰러지면서 비록 큰손실을 당했지만 결코 삶을 포기하지 않고, 다시금 인생 가치관을 바꾸고 스스로 입산수도를 선택하였고, 10년 동안을 두문불출 도(道)를 닦고 '신통술초월명상기도'로 직접 신(神·God)들과 소통을 하면서 신통력과 큰 깨달음을 이루고, 이제는 최고의 정신세계 '공익사업'을 펼치고 있습니다.

타고난 운명을 알고, 이제부터는 '나의 길'을 가고 있습니다…….

이제 초늙은이가 되어 후인들과 이 책을 읽고 있는 독자들에게 단 몇 글귀라도 삶을 살아가는 데 '도움'이 되어드리고자, 필자가 젊은 날부터 평생 동안 투자와 사업을 해오면서 배우고 체험하고 터득한 평생의 경험지식과 동양의 정신철학 그리고 10년 동안 천기신통초월명상 산(山)기도를 할 때에 얻은 많은 깨달음과 하늘자연의 섭리와 신(神)들의 존재 등 엄청난 '비밀지식'을 천기누설해서 일반사람들이 평생 동안을 살아가면서 정말로 꼭 필요한 '종합실용지식'의 가르침을 책으로 전달해 주고자 합니다.

　다음의 쭉~ 열거하는 글귀들은 책 제목과 상관없이 누구나 한 번씩은 꼭 읽어둬야 하는 세상에서 가장 중요한 '인생지혜'들이니 꼭 이해를 하면서 아주 천천히 정독으로 읽어보시기 바랍니다.

- 여기에 열거하는 글모음은 그동안 '손재찬 도사 어록'의 글들입니다.
- 세상 사람들 모두가 평생 꼭 한 번씩 읽어보시길 전달합니다.
- 꼭 한 번 읽어보시면 세상을 보는 '안목과 통찰력'이 엄청 높아집니다.
- 소크라테스는 2,300년 전에 '너 자신을 알라'고 말했고, 21세기 손도사는 '너 자신의 타고난 사주와 손금을 꼭 알라'고 말한다.
- 사람의 운명은 전생의 습성 및 업살과 핏줄의 유전성이 함께 작용을 한다.
- 사람은 태어날 때의 사주와 손금으로 99%의 운명이 '설정'되어 버린다.
- 태어날 때의 정확한 시간을 모르는 사람들은 '손금'을 꼭 함께 봐라~.
- 병원에서 수술로 태어난 사람들은 사주보다는 '손금'을 더 중요시하라~.
- 같은 날 같은 시간에 태어난 쌍둥이는 사주가 같아도 손금은 다르다.
- 지문은 사람식별의 정확한 데이터공학이고, 손금은 더욱 정확한 운(運)데이터공학이며, 이 세상 70억 명 중에 똑같은 손금은 없다.
- 운명암호손금에는 개인의 운(運)이 '99% 정도'가 정확히 나타나 있다.
- 사람 개인의 '평생운명감정'은 사주+얼굴+손금+전생을 꼭 함께 봐라~.
- 자본주의 현대사회에서 돈을 벌려면 개인의 타고난 '재물운'을 꼭 알라.
- 모든 선거에 출마하려면 먼저 점(占)술로 나이 운때의 '당선운'을 꼭 알라.

- 직장에서 꼭 승진을 하려면 점(占)술로 나이 운때의 '승진운'을 꼭 알라.
- 결혼을 잘 하고 싶은 사람은 가장 먼저 타고난 '결혼운'을 꼭 알라.
- 부모가 단명자 또는 위험한 일을 하는 사람들은 '수명운'을 꼭 알라.
- 현재 불치병 및 난치병 등 모든 환자들은 타고난 '수명운'을 꼭 알라.
- 성공출세를 하려면 하늘자연의 섭리와 운명의 법칙을 꼭 알아야 한다.
- 나이가 '9수와 삼재수'에 걸릴 때는 운때가 나쁘니 최고로 조심하라.
- 사고발생 · 손해 · 실패 · 이혼 · 관재수 · 죽음은 '나쁜 운때'에 꼭 당한다.
- 이사를 갈 경우에는 방위를 가려서 손 없는 '좋은 방향'으로 잘 가라.
- 날짜를 택일할 경우에는 반드시 생기복덕천의 '길일'을 꼭 선택하라.
- 건물 · 공장 · 집을 짓거나 묘소를 쓰고는 '3년 동안'을 조심하라.
- 이사를 하거나 묘소개장 및 화장을 하고는 '1년 동안'을 조심하라.
- 조상묘소를 건들거나 화장을 할 때는 반드시 '조상천도재'를 해드려라.
- 조상묘소와 납골탑 · 수목장 등은 좋은 명당터를 잘 선택하라.
- 명당터에 묘를 쓰거나 집을 지으면 '즉시 발복'이 반드시 이루어진다.
- 박사 배출 및 고위공직과 자수성가로 성공출세와 부자가 된 사람들은 태어난 곳과 조상님 묘자리가 '명당자리'에 위치하고 있다.
- 성공출세 및 부자가 꼭 되고 싶은 사람들은 태어난 고향산 또는 국립공원 등 명산의 명당자리에 비밀로 '가묘비방'을 꼭 해두어라~.
- 조상님의 혼령과 후손의 영혼은 혼(魂)으로 '함께 운(運)작용'을 계속 한다.
- 모든 자녀들은 20살까지 잘 성장하는 것이 1차 생존법이다.
- 병원수술로 태어난 자녀의 사주풀이는 섭리를 거슬러 '운명과 불일치'하다.
- 병원수술로 태어난 사람은 반드시 '얼굴과 손금'으로 운명진단을 하라~.
- 모든 아이들은 타고난 운명에 알맞은 '진로 방향성'이 가장 중요하다.

- 가장 좋은 교육정책은 개인의 '천성소질운(運)인간계발'의 활용이다.
- 정권이 바뀌어도 계속 유지될 수 있는, 손재찬 박사도사가 주창한 모든 국민들 100년대계의 '천성소질운(運) 인간계발론'을 꼭 적용하라~.
- 손도사는 사람 개인의 타고난 소질발견 및 성격분석과 운(運) 예측으로 인생진로의 공부 및 직업의 선택 등 '적성상담'의 최고 전문가이다.
- 개인의 소질 및 성격과 운(運)분석은 《손금풀이 도해》 책을 활용하라~.
- 세계인류지식유산 '손도사 손금풀이'는 사람 개인의 타고난 소질발견 및 성격분석과 운(運)을 동시에 함께 '자가진단'을 해볼 수 있다.
- 필자 손재찬 박사도사는 영재 발굴 및 인간계발의 최고 전문가이다.
- 자녀들을 잘 키워둬야 훗날 '명문가'가 되고 효도와 가문유지를 잘한다.
- 명문가들과 종가집들은 대대로 '조상'을 잘 받들고 살아간다.
- 명문가가 되고 싶거든 조상 묘소에 돌제단과 석등을 꼭 세우라.
- 모든 종교의 성소에는 금촛대를, 출입구에는 석등을 꼭 세우라.
- 금촛대와 석등은 영원한 불밝힘의 '축복 빛'을 상징한다……
- 사람들은 '관심'이 있거나 또는 찾고 있는 것만 눈에 보인다.
- 사람의 뇌는 한 번 관심을 가지면 스스로 계속 '의식'을 하게 된다.
- 사람은 하늘의 천기(天氣)와 땅의 지기(地氣)로 살아간다.
- 좋은 땅을 소유하는 사람들은 반드시 성공출세와 부자가 된다.
- 성공출세와 부자가 되려면 '자산의 포트폴리오'를 잘 짜라.
- 자산의 포트폴리오는 부동산·주식·예금·보험·연금 등이다.
- 모든 사람은 이 책을 꼭 한 번 읽고 '부동산과 경제공부'를 해두어라~.
- 부동산은 용도별 사용가치와 수요·공급에 따라 값이 매겨진다.
- 대한민국의 국토는 '세계물류'의 부동산공학에서 위치가 참 좋다.

- 대한민국의 국토면적은 약 10만km²이고, 해상의 섬은 약 3,600개이며, 사람이 살고 있는 섬은 약 500개이고, 공유수면 매립이 계속 진행 중이다.

- 국토의 개발은 용도에 따른 수요·공급과 물류의 효율성을 위해서는 도시 주변과 항구 주변을 '계획복합개발'로 진행해 나아가야 한다.

- 국토의 개발은 정부가 10년 계획과 5년 단위로 조정을 하고 있다.

- 부동산정책은 공급확대 및 조정과 자유시장경제에 맡기라~.

- 부동산 땅의 개념에서 건축물이 있는 토지는 '건부지'라 하고, 건축물이 없는 토지는 '나지'라 하고, 건축물이 없는 대지는 '나대지'라 하고, 건축물의 바닥면적을 제외한 토지부분은 '공지'라 하고, 타인의 토지에 둘러 싸여 도로가 없는 토지는 '맹지'라 하고, 소유권은 인정되고 활용실익이 없는 토지는 '법지'라 하고, 해변처럼 활용실익은 인정되나 소유권이 인정되지 않는 토지는 '빈지'라 하고, 놀리고 있는 토지는 '유휴지'라 하고, 농지 등에서 쉬게 하는 토지는 '휴경지'라 하고, 하천 및 강으로 침식된 토지는 '포락지'라 하고, 고압선 아래의 토지는 '선하지'라 하고, 택지 이용의 최원방으로 멀리 떨어진 토지는 '한계지'라 하고, 자연상태 그대로의 토지는 '소지' 또는 '원지'라 한다.

- 부동산투자는 먼저 땅을 살피고, 다음으로 건물을 잘 살펴라.

- 부동산투자는 먼저 지역을 살피고, 다음으로 개별물건을 살펴라.

- 부동산의 가치는 도로접도와 편리성 등 '위치'가 중요하다.

- 부동산투자는 활용성·접근성·편의성·쾌적성·조망성·환금성·가치성 등 일반적 '대중선호도'가 좋은 것을 잘 선택하라.

- 화재와 소방차 접근이 불리한 골목길집 또는 초고층집은 피하라~.

- 앞쪽에 나대지공터 또는 노후 건축물이 있는 곳은 반드시 피하라~.

- 기존에 있는 집의 앞쪽에 새 건축물이 들어서면 큰 손해를 당한다.
- 부동산투자는 매매차익 또는 임대수요가 많은 것을 잘 선택하라.
- 땅투자는 반드시 도로변이나 새로운 도로가 뚫리는 곳 또는 개발이 예상되는 곳을 남보다 먼저 '선점'을 잘 하라.
- 부동산투자는 신문광고 등 기획부동산권유에는 절대로 속지 말라.
- 부동산의 분양광고 등은 대다수가 뻥튀기와 '사기성'이 너무 많다.
- 은행금리 3배 이상 수익률 또는 연 7% 이상 수익배당금지급 또는 수익확정 증서발급 등의 부동산분양광고들은 모두가 '거짓말'이고, 잘못 속으면 10년 이상 손실과 피해를 당한다.
- 정상적인 부동산임대의 평균 수익률은 약 4~5%선이다.
- 평균 수익률보다 저조하거나 아예 수익이 없는 경우에는 물건운(運)이 나쁘거나 또는 물건주인운(運)이 나쁘거나 둘 중 하나가 분명하다.
- 특히 분양형 호텔의 시행사 및 위탁운영사 등은 결코 믿지 말라!!
- 그러나, 필자 손재찬 박사도사는 대형집합건물 서울 '동대문 쇼핑몰'과 종로3가 '국일관'의 대주주 겸 회장을 역임한 부동산 경험으로 분양형 호텔 속초라마다의 고문을 맡고, 100개 분양형 호텔 중에서 연 수익률 6~7% 배당을 7년째 계속 지급해 주고 있는 '수익률 1등호텔'로 만들어 주었다.
- 동해바다 속초시 대포항 바닷가 오션뷰 최고의 '속초라마다 호텔'은 코로나 팬데믹 때에도 투자자들에게 6% 수익배당을 계속 지급해 주었다.
- 계속 6% 이상 수익배당은 우리나라 900개 호텔 중 최고 수익률이다.
- 분양형 호텔의 관리단 구성과 운영은 전문지식 및 경험이 꼭 필요하다.
- 분양형 호텔의 관리위원회가 호텔직영을 하기 위해 호텔 운영법인과 이사회를 구성하고 '이사회 의장' 시스템 도입은 속초라마다 호텔이 우리나라

900개 호텔 중에서 첫 번째 시도이다.

• 속초라마다 호텔은 회장·의장·대표이사·총지배인 운영체제이고, 역할분담으로 '견제와 협조'의 합리적인 기업경영시스템이다.

• 필자 손재찬 회장은 현재 전국에 부동산등기권리증을 100개쯤 소유 및 운영과 수많은 기업 오너들에게 '고문 및 자문'을 해 주고 있다……. (분양형 호텔에서는 집합건물운영관리 및 사업경험이 부족한 사람들이 설쳐되면 '99% 망하게 됨'을 꼭 충고합니다.)

• 모든 자본투자를 할 때는 자기 자신의 재물운과 금전운 그리고 성공운 등 반드시 먼저 '운세점(占)'을 보고 그리고 결정을 잘 하라.

• 투자를 해놓고 손실과 피해를 당하면 즉시 '운(運)상담'을 꼭 받으라~.

• 부동산투자를 할 경우에 지역·지구·구역 등이 지정되어 있는 곳은 각종 '행위제한'이 많으니 잘 살펴보고 조심을 하라.

• 부동산투자는 국가정부의 정책결정정보와 개발계획정보 등에 대해 항상 '관심'을 가지고, 부동산 책을 읽으면서 '공부'를 꼭 하라.

• 투자는 '수요와 공급'의 예상과 장기적인 '개발계획' 등을 잘 분석하라.

• 부동산투자는 미래 역세권이 될 지역, 큰 집객시설이 들어설 지역, 큰 녹지공원이 생길 지역, 도로가 생길 지역 등을 잘 살펴라.

• 부동산투자는 '토지이용계획확인서'를 발급받아 그 내용을 살피고 '지적도'를 발급받아 경계와 도로 및 도로계획선을 꼭 확인하라.

• 부동산투자는 '자기 집' 마련부터 최우선으로 먼저 하라.

• 한국사람은 부동산과 주택의 '소유개념'이 강하기 때문에 특히 공공임대주택정책 등은 반드시 실패를 한다.

• 자기 집 마련은 일하는 직장과 가장 '가까운 곳'을 잘 선택하라.

- 출·퇴근시간을 최소로 해서 그 시간을 다른 용도로 활용을 하라.
- 하루 1시간 이상씩 출·퇴근시간만 아껴도 10년을 이익 본다.
- 집 값이 가장 비쌀 때는 결코 아파트 매입과 분양을 받지 말라.
- 산이 높으면 골이 깊은 것처럼 반드시 3~4년 후 '값 폭락'이 된다.
- 집을 구입하고자 할 때는 10년에 한두 번 '폭락'할 때를 기다리라.
- 불경기와 집값 및 주식의 폭락은 10년에 한두 번씩 꼭 발생을 한다.
- 시간투자로 폭락장과 불경기의 '바닥 운때'를 기다리고 기다려라.
- 집을 살 경우에는 주위환경·조망·햇볕·바람·교통을 잘 살펴라.
- 미래투자 겸 주거용 아파트 분양은 인구감소 진행과 핵가족 등의 수요예측에 따라서 선택을 잘 하고, 반드시 일조권 및 조망권과 슈퍼 및 병원과 대중교통 및 주차 등 '편리성'을 잘 살펴라.
- 가정집은 층호 숫자·안방·거실·주방·화장실·대문을 잘 살펴라.
- 가정집 주택은 '잠을 잘 자게 해주는 집'이 가장 좋은 명당자리이다.
- 깊은 숙면은 인체가 우주자연의 기(氣)를 받는 중요한 기능이다.
- 잠을 잘 자는 '숙면'을 할 수 있으면 건강과 운이 저절로 좋아진다.
- 편안히 잠을 못들게 하거나 숙면을 못하는 집은 가장 나쁜 집이다.
- 특히 살(殺)기운과 수맥 및 냉혈의 땅위에는 집과 묘를 쓰지 말라.
- 특히 서울의 북악산 아래 청와대는 악기운 살기(殺氣)터이다.
- 서울의 동작동 국립묘지는 큰 산맥이 없어 결코 큰 명당자리가 못되고, 그 중에서도 박정희 대통령 묘자리는 냉혈(冷穴)자리이다.
- 살(殺)기운과 수맥 및 냉혈자리는 영혼과 사람이 숙면을 못한다……
- 잠을 편히 숙면을 못 하거나 집안이 안 풀리면 대부분 조상묘자리 및 집터가 나쁘니 즉시 점(占)을 꼭 한 번 봐라~.

- 터 기운이 쎈 곳 도깨비터에는 가정집을 절대로 짓지 말라~.
- 주거용 주택은 소음공해가 없고 '자연환경'이 좋은 곳을 선택하라.
- 상업용 건물과 가게는 비탈진 경사지대와 높은 지대는 꼭 피하라.
- 상업을 하는 부동산은 물류의 중심 쪽 '목 좋은 곳'을 잘 선택하라.
- 상가는 역세권 · 큰길가 · 평지 · 많은 유동인구 · 주차편의 및 접근성과 발전하는 지역 및 상가운영관리가 잘 되는 곳을 잘 선택하라.
- 집합건물상가 또는 다중시설상가는 '출입구 근처'가 가장 좋다.
- 일반 모든 상가는 1~2층이 가장 비싸고 장사가 잘된다.
- 일반상가의 2층 분양가 및 임대료는 1층의 약 60%선이다.
- 상가는 지역과 층별 여건을 감안한 '업종선택'이 가장 중요하다.
- 일시적으로 유행을 타는 부동산투자는 '과잉'으로 손해를 조심하라.
- 상가투자는 발전지역과 활성화 '가능성'이 높은 곳을 잘 선택하라.
- 모든 상가는 처음 활성화에 실패하면 '10년 동안'을 손해 당한다.
- 부동산주인들은 관리운영의 '부실징후'가 보이면 즉시 매도를 하라.
- 부동산 매매와 전세는 '등기부'를 꼭 확인하고 주인과 계약을 하라.
- 잔금 지급 날은 모든 서류를 돌려받고 돈 지불을 '동시'에 행하라.
- 부동산의 매매 또는 임대차계약서에는 '특약사항'을 잘 써 넣어라.
- 부동산에 딸린 부합물과 종물은 '주물'의 권리처분에 따라간다.
- 집합건물은 건물이 주물이고, 땅은 '대사사용권'으로 종물이다.
- 부동산을 살 경우 압류 · 가등기 · 가처분 등이 있으면 꼭 피하라.
- 부동산 권리의 방어적 · 지능적 방법으로 '가등기' 활용을 잘 해두어라.
- 부동산의 임차인은 전세등기 또는 확정일자를 꼭 해두어라.
- 큰 건물 및 복잡한 건물 등의 주인 임대인은 임대차계약을 할 때 '제소전 화

해조서'를 꼭 해두어라.

- 제소전 화해조서는 확정판결 같은 효력으로 쉽게 '명도'를 받는다.
- 지분소유자 및 구분소유자 등이 복잡한 곳에는 투자를 '조심'하라~.
- 프로급 부동산 사냥은 지분권인수 · 법정지상권 · 유치권물건 · NPL부실채권 유동화자산물건 등에 '관심'을 두어라.
- 프로급 부동산투자는 급매물건과 공매 및 경매에 '관심'을 가져라.
- 공동소유물은 다량지분자 또는 과반수 이상자가 '관리권'을 가진다.
- 집을 부부공동소유로 등기를 하면 절세와 상호신뢰가 좋아진다.
- 한 집안의 가장은 반드시 최고로 좋은 '큰 방'을 꼭 사용하라~.
- 집주인은 최고로 중요한 층 또는 가장 큰 공간을 꼭 사용하라~.
- 집안의 가장이나 주인이 '작은 공간'을 쓰면 운(運)이 나빠진다.
- 부동산은 가장 안전하고 귀중한 평생 동안의 '자기 자산'이다.
- 가장 안전하고 귀중한 자기 자산인 부동산을 결코 포기하지 말라.
- 서툴고 잘못된 정책들은 정권이 바뀌면 합리적으로 바뀌어진다.
- 미래의 건축물은 모두가 심각한 기후변화에 대한 '에너지 효율성'과 화재예방 및 침수 등에 '준비와 대비'를 잘하라~.
- 미래도시와 주택 등은 모두 '스마트형' 개념으로 바꾸어 나가라.
- 자본주의 사회에서 돈과 재물 및 개인의 자산은 참으로 중요하다.
- 돈은 스스로 선과 악 그리고 행복과 불행의 근원이 된다.
- 돈은 삶을 유지하고 자아실현과 행복을 위한 절대 '필요조건'이다.
- 돈은 인간의 품격과 자존심을 세워주고 '인간답게' 살게 해준다……
- 평소에 또는 어쩌다 꿈을 꿀 때에 꿈이 잘 맞는 사람들은 정확한 운때를 잘 맞춰 '로또복권'을 꼭 사라~.

- 좋은 꿈을 꾸고 날짜 '운때'만 잘 맞추면 1등 복권당첨이 가능하다.
- 정확한 꿈풀이와 날짜운때를 맞추는 것은 도사님께 꼭 물어보아라~.
- 인생대박의 '횡재운'은 평생에 한두 번뿐이니 반드시 붙잡아라~.
- 운때를 잘 맞추는 '운(運)타이밍'은 인생과 투자의 최고 기술이다.
- 꿈이 안 맞는 사람들은 땀 흘려서 자기 노력으로 '부자'가 되어라.
- 부자는 돈의 주인님이 되지만, 가난뱅이는 돈의 노예가 된다.
- 필요한 만큼의 돈과 재산이 꼭 있어야 '자유와 행복'을 누린다.
- 악착같이 돈 벌어서 폼 나게 살아보고 '인간대접'을 꼭 받으라.
- 현대사회는 많은 재산과 부동산 소유자들의 '신계급사회'이다!!
- 현대사회는 현금 및 재물과 부동산이 많아야 '상류층'이 될 수 있다.
- 그러나 소유한다는 것은 그 소유물에 얽매일 수도 있음을 알라~.
- 무엇에 집착을 하면 노예가 되고, 집착을 않으면 자유롭다.
- 현대사회에서의 소유방법은 '집착 않는 소유'가 가장 좋은 방법이다.
- 집착 않는 소유의 방법으로 자유로운 '진짜 부자'가 꼭 되어라~.
- 돈을 벌려면 반드시 목표와 계획 그리고 준비를 철저히 세우라.
- 돈을 벌려면 우선적으로 '재테크공부'부터 반드시 시작을 하라.
- 모든 여성과 주부들은 가정 살림살이 경제와 재테크를 꼭 공부하라.
- 재테크를 잘하고 자산을 가지면 부부간에도 '귀한 대접'을 받는다.
- 재테크 공부와 자산관리는 일찍부터 그리고 '평생 동안'을 계속하라~.
- 재테크를 하려면 금융 · 주식 · 부동산 그리고 '운(運)'을 알아야 한다.
- 부자가 되고 싶거든 가장 먼저 사주와 손금에서 '재물운'을 꼭 알아두어라.
- 타고난 성격과 재물운으로 월급쟁이 또는 개인사업 등 '방향'을 잘 정하라.
- 특별한 재주 및 기술과 아이템이 있으면 그것을 '사업화'를 잘 시켜라.

- 특별한 재주 및 기술을 사업으로 성공하려면 '성공운'을 꼭 점(占) 봐라~.
- 부자가 되고 싶거든 투자와 개인사업으로 영업 및 장사에 뛰어들어라.
- 개인사업을 시작할 때는 가게 등의 계약과 인수및 양수를 잘 받으라.
- 가게의 상호와 영업권 등은 포괄승계와 한정승계가 있다.
- 가게인수 및 사업인수 등을 할 때는 '양·수도계약'을 잘 해야 한다.
- 양도인이 복잡하고 빚이 많을 경우에는 말썽꺼리를 방지하기 위해 가게이름과 회사이름 등을 바꾸어 버려라.
- 가게 또는 회사를 인수 및 양수받을 때는 꼭 '전문가상담'을 받으라~.
- 직장보다는 직업을 중시하고, 꼭 하고 싶은 분야에 '창업'을 하라.
- 초저금리 때는 월급직보다는 대출을 받아서 투자 및 창업으로 사업을 하라.
- 처음 창업을 할 때는 고정지출비용을 최소화하고 꼭 경험을 쌓으라.
- 처음 창업을 할 때는 가장 잘하는 곳을 '모방벤치마킹'하여 그곳보다 더 잘할수 있도록 항상 연구를 하라.
- 모든 사업과 영업 및 장사는 시대 흐름의 '트렌드'를 잘 읽어라.
- 모든 사업과 투자가는 글로벌 정치와 경제 등 '뉴스'를 잘 살펴라.
- 영업과 장사 등 자기 사업을 잘 하려면 항상 '원가계산'을 잘하라.
- 갑자기 가게장사가 안될 경우에는 운 막힘의 '상문살'이 90%이다.
- 갑자기 가게장사가 안될 경우에는 즉시 점(占)을 꼭 봐라~.
- 상문살인지? 도깨비터신 문제인지? 운 때문인지? 해법을 찾아야 한다.
- 영업과 장사를 잘 하려면 가게 안에 '종교 상징물'을 두지 말라~.
- 영업집에 종교 상징물이 있을 경우에 타 종교인은 거부감을 느낀다.
- 가게 오픈과 영업 및 장사를 할 때는 계절적 '타이밍'을 잘 맞춰라~.
- 영업과 장사 등 판매를 잘 하려면 항상 '가망고객'을 연구하라.

- 영업과 장사를 잘 하려면 손님고객과는 절대로 싸우지 말라.
- 판매를 잘하려면 동종업계 1등점을 '벤치마킹'도 잘 생각해보라.
- 잘하는 곳의 벤치마킹 모방전략은 '저비용고효율'의 판매기술이다.
- 자기 자신이 잘 할 수 있는 것의 '유리한 장점'을 최대로 활용을 잘하라.
- 영업과 장사 판매를 잘 하려면 깔끔한 옷차림과 예의바름으로 '첫 인상'을 좋게 하고, 미소와 친절서비스로 '호감'을 계속 심어가라.
- 판매를 할 때는 첫인상 3초와 첫마디 말 10초가 가장 중요하다.
- 판매를 할 때는 처음 30초 동안에 '관심'을 잘 끌면 성공을 한다.
- 판매나 광고를 할 때는 그 상품이 안겨줄 '유익함'을 잘 강조하라.
- 판매광고를 할 때는 감성적 구매욕구와 동기를 잘 유발시켜라.
- 판매광고를 할 때는 그림과 소리로 '감정효과'를 최대화시켜라.
- 눈으로 귀로 마음으로 함께 느낄 수 있게 '이미지표현'을 잘 하라.
- 눈으로 보는 것은 더욱 빠르고 강력하며 기억 속에 오래 남는다.
- 사업과 영업 및 장사를 잘하려면 '판매 마케팅전략'을 잘 세우라.
- 모든 영업과 상품들은 가격경쟁력과 품질경쟁력으로 계속 싸운다.
- 판매를 할 때는 잘 파는 '목표'에 집중을 하고 또한 집중시켜라.
- 최초 판매 및 기획 판매를 할 때는 '미끼상품' 전략을 잘 쓰라.
- 사업 및 영업의 마케팅을 잘 하려면 '현지맞춤형' 서비스로 나아가라.
- 영업과 장사를 잘 하려면 여러 번 '재사용'하는 방법을 연구하라.
- 영업과 장사를 잘 하려면 원가절감과 폭리 등의 방법을 연구하라.
- 영업과 장사를 잘 하려면 손님과 고객을 끌어들이는 미끼용 '집객상품'과 이익을 많이 남길 수 있는 '수익상품'을 함께 팔아라.
- 영업과 장사를 잘 하려면 계속 구매와 이용을 하도록 만들어가라.

- 영업과 장사를 계속 잘 하려면 돈 벌고 있음을 아무도 모르게 하라.
- 영업과 장사를 할 때는 장사 냄새가 풍기지 않게 잘 하라.
- 영업 및 장사와 사업을 계속 잘 하려면 특별히 '단골관리'를 잘 하라.
- 단골손님과 함께 온 손님에게도 각별하게 잘 대접을 하라.
- 단골손님을 만들어가려면 반드시 '주인'이 직접 매장을 잘 지켜라.
- 영업과 사업을 할 때는 '오랫동안 한다'는 마음자세로 잘 해나가라.
- 영업과 장사 판매를 잘 하려면 '관련 상품'을 함께 취급을 하라.
- 영업과 장사 판매를 잘 하려면 '고객의 취향'을 항상 연구하라.
- 영업과 장사 판매를 잘 하려면 '말솜씨'를 맞네게 잘 사용하라.
- 모든 판매를 할 때 가장 흥미로운 것은 가격의 '불확정원리'이다.
- 어떻게 판매할까에 따라서 저가물건을 높은 고가에 팔 수도 있다.
- 모든 가격은 상황 및 가치에 따라서 임의적으로 '변경' 가능성이 있다.
- 상품의 가격을 정할 때는 합리적 '저가 마케팅' 또는 사치 허영심의 정서적 '고가마케팅' 방법 등 기획 및 전략을 잘 짜라.
- 상품의 가격을 정할 때는 가격 중심의 '저가상품' 또는 가치 중심의 '고가상품' 그리고 '중간상품' 등으로 가격 구분을 세분화시켜라.
- 영업과 장사 판매를 잘 하려면 '충동구매욕구'유도를 잘 시켜라.
- 상품의 희소성 가치는 사람들에게 구매 결정을 스스로 재촉한다.
- 판매를 할 때는 ① 제한된 수량 ② 곧 가격인상 ③ 오늘만 가격인하 ④ 곧 마감시한 등을 '마케팅방법'으로 활용을 잘 하라.
- 음식점은 맛있게 보이는 음식그림과 맛있는 냄새를 잘 풍겨라.
- 외식업은 업종에 따라 낮장사 또는 밤장사가 있고, 평일장사 또는 주말장사가 있고, 메뉴에 따라 계절장사가 있으니 '장사계획'을 잘 세우라.

- 식당 및 외식업을 개업하려면 ① 가망고객분석 ② 상권분석과 장소선택 ③ 투자여력의 규모산정 ④ 메뉴선정 및 가격결정 ⑤ 고객 감동의 서비스 차별화 등 '계획과 준비'를 잘하라~.
- 음식업은 고객친절과 청결 및 '음식맛'으로 승부를 각오해야 한다…….
- 모든 가계와 기업 그리고 상품 및 사람은 평판이 참 중요하니 고객과 사람들로부터 '평판관리'를 계속 잘 해나가라~.
- 관계된 주변사람들로부터 틀림없는 사람이라는 '신뢰'를 계속 심어가라.
- 비즈니스할 때의 '약속'은 반드시 이행을 잘해야 한다…….
- 사업과 영업을 잘하려면 업계와 협회의 '모임'에 꼭 참여를 하라.
- 업계의 모임과 행사는 황금같은 정보와 인맥을 만들어준다.
- 모임과 행사를 할 때는 어떻게든 연설 · 강연 · 의견발표 등의 '발언기회'를 얻고 자신의 얼굴을 알리고 '입지'를 굳혀 나아가라.
- 발언을 할 때는 주제와 본질을 잘 알고 '근거'로 말을 잘하라.
- 말을 시작할 때는 누구나 '공감'할 수 있는 것으로 시작을 하라.
- 말을 끝맺을 때는 핵심요약과 동의를 얻어내고 행동을 유도시켜라.
- 연설과 강연 등을 할 때는 깔끔하게 옷을 잘 차려입어라.
- 옷차림새는 그 사람의 첫 번째 명함이고 이미지를 좋게 심어준다.
- 성공출세와 비즈니스를 잘 하려면 명함사용 및 관리를 잘하라.
- 비즈니스로 명함을 건넬 때는 함께 자신을 말로 '소개'를 하라.
- 비즈니스로 명함을 받을 때는 약 10초 정도는 꼭 읽어보라.
- 명함을 건네고 받을 때 '관심'을 가져주면 먼저 호감을 얻는다.
- 명함을 받으면 날짜 · 장소 · 용건 등을 뒷면에 꼭 '메모'해 두어라.
- 명함관리는 ① 꼭 필요성 ② 불필요성으로 분류처리를 잘하라.

- 꼭 필요성 명함은 잘 보관을 하고, 불필요성 명함은 버려라.
- 비즈니스로 친분을 잘 쌓으려면 함께 꼭 '식사'를 잘하라.
- 비즈니스로 식사 또는 음료와 술을 주문할 경우에는 대접받는 사람에게 먼저 권하고 같은 것으로 주문을 하라.
- 비즈니스 만남은 오직 '비즈니스 성공'만 생각을 집중하라!
- 모든 투자 및 영업과 장사는 경제의 호황 및 불황에 '준비'를 잘하라.
- 모든 사업가와 투자는 국가의 금융정책 '기준금리'를 잘 살펴라.
- 기준금리는 경기가 좋을 때는 인상을 하고, 나쁠 때는 인하를 한다.
- 기준금리가 인상되면 이자 증가로 기업과 가게는 부담이 많아진다.
- 기준금리를 인하하면 이자 부담이 줄어들고 투자가 많아진다.
- 재테크의 기본은 우선 최대한의 저축으로 '종잣돈'을 꼭 만들어라.
- 종잣돈을 만들려면 최대한 수입을 늘리고 '통장관리'를 잘 하라.
- 통장 및 계좌관리는 ① 공과금납부 자동이체용 ② 목돈마련용 ③ 투자돈 관리용 ④ 사업등록자의 국세청 신고용 ⑤ 예비자금용 등 3~5개로 용도에 따른 '계좌분류'를 잘 하라.
- 연금상품은 장기구조이니 누구나 일찍부터 평생 재테크와 노후준비로 반드시 '연금 가입'을 꼭 해 두어라.
- 21세기 100세 시대에서는 '평생재테크'계획을 종합적으로 잘 세우라!
- 은행이자가 낮은 저금리시대에는 예금보다는 '투자'를 잘 하라.
- 고등재테크로 큰돈을 벌려면 금융공부와 금융투자 및 운용을 잘 하라.
- 금융은 자본주의사회 시장경제의 두뇌이고 엔진이다.
- 21세기 금융세계화는 혜택과 위험을 항상 함께 내포하고 있다.
- 금융시스템은 제대로 작동되면 모든 경제 분야에 혜택을 주고, 잘못 작동

되면 엄청난 재앙을 불러온다.

- 금융과 경제의 위기는 '순환반복법칙'에 따라 계속 발생을 한다.
- 금융위기는 금융회사의 신뢰가 무너질 때 발생하는 것이다.
- 금융위기는 ① 은행위기 ② 외환위기 ③ 외채위기 ④ 체계적 금융위기 등으로 나눈다.
- 은행위기는 뱅크런(예금인출사태)현상이 발생하는 것이다.
- 외환위기는 자국의 통화가치폭락 등이 발생하는 것이다.
- 외채위기는 외국에서 빌린 채무를 갚지 못해서 발생하는 것이다.
- 체계적 금융위기는 금융중개기능에 일시적 심각한 문제가 생기면서 실물경제에까지 위기가 파급되는 것이다.
- 경제위기는 ① 금융위기 ② 재정위기 ③ 실물경제위기 등이다.
- 어느 국가에 금융위기 또는 경제위기 등이 발생하면 핫머니와 헤지펀드 등이 일시에 공격을 감행하고 수익만 챙기고 빠져나간다.
- 핫머니는 투기적 이익만을 위해 글로벌 금융시장을 이동하는 '단기자금' 등이다.
- 모든 사람은 금융위기와 경제위기에 철저히 '대비'를 잘 하라.
- 외국자본이 개입된 금융위기는 '환율위기'로 많이 나타난다.
- 외국자본이 빠져 나갈 때는 달러 등 '외환'으로 바꾸기 때문이다.
- 모든 사람은 이익과 손해 그리고 공포 때문에 스스로 움직인다!
- 모든 사람은 '자기 입장'에서 이해득실로 사물을 바라보고 판단을 한다.
- 모든 국가와 기업은 '이해득실'로 의사결정 및 행동들을 취한다.
- 특히 한 국가의 경영은 '국방과 외교 및 통상'이 가장 중요하다!
- 대통령은 통찰력으로 국방과 외교 및 통상을 잘 해 나가라~.

- 모든 문제는 '이해득실'로 예측과 진실규명을 하면 해결이 잘 된다.
- 외국의 자본들은 대체로 타국가의 정부를 신뢰하지 않는다.
- 경제상황이 악화되면 도덕적 해이와 역선택 현상이 더욱 심해진다.
- 수출이 나빠지면 각국은 자국화폐를 절하하는 '환율경쟁'을 벌인다.
- 양적완화정책은 임시적이고 단기적인 '응급수단'일 뿐이다.
- 시중의 유동성증가는 부동산과 주식시장에 '자산거품'을 키운다.
- 초저금리정책은 자본 남용과 투자 왜곡을 더욱 초래할 수 있다.
- 그러나, 초저금리 때는 빚을 내서라도 반드시 '투자'를 하라~.
- 주식과 부동산이 폭락을 할 때는 빚을 내서라도 '투자'을 해두라~.
- 마이너스 금리정책은 마지막 사용의 '비상수단'일 뿐이다…….
- 불안정한 통화를 가진 나라의 국민들은 '외화'를 더욱 선호한다.
- 개발도상국의 부자들은 선진국의 금융기관을 더욱 신뢰한다.
- 국가 · 기업 · 개인에게 금융지식과 금융운용은 정말로 중요하다.
- 모든 국가와 교육기관은 자국민들에게 '금융공부'를 많이 시켜라.
- 금융공학이 앞선 미국 경제는 파생금융 때문에 망하지 않는다.
- 세계 제1기축통화인 '미국 달러'의 운용정책을 연구 및 주시를 잘 하라.
- 미국 달러는 5~6단계로 운용을 하고, 강달러와 약달러로 반복을 한다.
- 달러가 세계 제1기축통화인 미국경제는 결코 망하지 않는다.
- 그러나 재정적자가 계속되면 국가도 기업도 결국 어려워진다.
- 고등재테크로 큰돈을 벌려면 주식공부와 주식투자를 잘 하라.
- 주식투자는 좋은 기업에 '장기간 투자'를 기본원칙으로 하라.
- 주식을 살 때는 대상 기업의 '내재가치' 발견을 가장 중요시하라!
- 저평가된 주식과 가치주 · 성장주 · 우량주 · 배당주를 중요시하라.

- 주식과 선물 투자는 예측도 중요하지만 '대응'은 더욱 중요하다.
- 수익포지션에서는 장타로, 손실포지션에서는 단타로 매매를 하라.
- 선물시장은 90%의 수익이 10%의 투자자에게 돌아간다.
- 선물거래는 주식 · 채권 · 통화 · 원자재 등 다양한 기초상품을 '미래일정시점의 정해진 가격에 사고팔기로 약속한 것'으로 선물거래소를 거쳐 이루어진다.
- 선물시장은 제로섬게임의 도박이니 일반인들은 결코 뛰어들지 말라.
- 주식과 모든 투자는 기본적 분석과 기술적 분석을 함께 잘 하라.
- 주식투자는 다우이론 · 주기이론 · 갠이론 · 파동이론 · 카오스이론 · 역발상이론 · 차트이론 · 이동평균선이론 등을 잘 알아야 한다.
- 주식과 투자를 할 때는 대상기업의 '재무와 상황'을 잘 파악하라.
- 기업 또는 회사를 알려면 ① 재무상태 ② 손익계산서 ③ 현금흐름표 ④ 경영자의 운 ⑤ 평판 등등 '종합분석'을 잘 해야 한다.
- 수익률 파악은 단기적인 분기별 수익보다는 10년쯤 장기적인 분기별 수익을 알아보고, '평균 수익률'을 꼭 확인하라.
- 개인대주주가 없거나 또는 책임있는 전문경영인이 없는 곳에는 절대로 투자를 하지 말라.
- 책임성과 관리감독이 없는 기업과 물건 등에는 도둑들이 너무 많다.
- 유능하고 성실한 '개인대주주'가 있는 사업과 기업에 투자를 잘 하라.
- 모든 투자는 투자대상의 장점과 단점을 정확히 '파악'을 잘 하라.
- 투자를 할 때는 투자대상의 '내재가치와 미래전망'을 잘 살펴라.
- 투자대상을 파악하지 못할 경우에는 절대로 투자를 하지 말라~.
- 자기 자신이 모르는 분야나 이해를 못하거든 투자를 하지 말라~.

- 투자의 정석은 '자신이 잘 아는 것'에만 투자하는 것이다.
- 투자의 진리는 '좋은 물건'에 대한 장기투자를 하는 것이다.
- 투자의 기술은 최저가 매입과 최고가 매도이고 세금절세이다.
- 모든 투자에서 가장 중요한 것은 '치명적 실수'를 하지 않는 것이고, 치명적 실수는 평생 후회와 재기 불능에 빠질 수 있다.
- 모든 투자에서 치명적인 실수를 범했다고 판단이 되면, 즉시 1류급 운명상담사를 찾아가 '앞으로의 운(運)'을 꼭 점검 및 확인을 받으라~.   (주식투자 및 선물투자와 가상화폐투자 등으로 투자손해와 투자사기를 당한 사람들은 필자에게 꼭 '종합운명상담'을 받고 해법을 찾으시길 바랍니다.)
- 개인들의 사주와 손금에는 '재물운과 성공운'이 정확하게 나타나 있다.
- 모든 실패는 불합리성 및 무지함과 기본을 어긴 데서 비롯된다……
- 투자에 성공하려면 '재물운과 성공운'을 꼭 점(占)봐 두어라~.
- 투자에 성공하려면 맡기지만 말고, 스스로 공부하여 '관리'를 잘 하라.
- 투자에 성공하려면 자신만의 노하우 전략과 기술을 꼭 갖추어라.
- 모든 투자는 투자대상의 '내재가치'에 있으니 기업의 신기술개발과 재무상태 및 경영상황 등을 반드시 직접 살펴라.
- 신기술개발 특허로 '핵심지적재산권'을 확보한 강소기업과 벤처기업을 발굴하고 잘 주시하여 남보다 '앞선 투자'를 잘 하라.
- 사업과 투자를 할 때는 경제동향파악 '경기선행지수'를 잘 살펴라.
- 경기선행지수는 약 6개월 후의 경기흐름을 '예측'하는 지표이고, 100 이상이면 경기상승을, 100 이하이면 경기하락이 예상된다는 뜻이다.
- 항상 세계 경제와 환율·금리·증시 등 '추세흐름'을 잘 관찰하라.
- 모든 시장은 추세에 따라 움직이고 '평균지수'는 모든 것을 나타낸다.

- 시장은 추세가 형성되면 지속이 되고, 외부요인이 발생하면 또다시 추세전환이 일어난다.
- 외부요인으로 추세전환이 생길 때마다 '역발상'의 투자와 투기로 차익과 큰 수익을 얻고 또다시 얻으라.
- 통찰력의 반대이론 '역발상기술'은 큰 수익을 얻는 방법이다.
- 증시의 조정은 주식을 적정가격으로 매입할 수 있는 좋은 기회이고, 증시의 폭락은 주식을 헐값에 매집할 수 있는 절호의 기회이다.
- 국제사회의 큰 이슈와 예고 및 위기에 따라서 항상 '최저가매수와 최고가매도'를 꾸준히 잘 해 나가라.
- 글로벌 사회 세계 곳곳의 경제가 어려운 '폭락장'만 잘 찾아다녀라.
- 폭락장세는 반드시 폭등장세로 바뀌고 '큰수익'을 얻는다!!
- 주기법칙으로 2020년 3월 미국 다우지수의 대폭락 및 한국 코스피지수의 대폭락처럼, 대공포일 때는 최저점쯤에서 '올베팅투자'를 꼭 해두어라~.
- 돈 투자에 관하여 잘 모르는 사람들은 손도사가 가르쳐 주는 방법대로 또는 손도사가 '신통점괘'로 찍어준 곳에 투자를 잘하라~. 2020년도 코로나 위기 상황에서도 손도사가 '신통점괘'로 찍어준 신풍제약 주식은 1년에 10배 이상 고수익을 내었고, 비트코인 등은 1년에 10배 가까이 고수익을 내었다.
- 모든 투자는 '실제수익률'을 가장 중요시해야 하고, 소문과 광풍이 불 때는 최고점이니 즉시 '처분'을 해 버려라~.
- 수익률 투자는 '최고점'을 잘 맞춰야 하고, 운타이밍으로 처분을 잘 하라~.
- 손도사의 '신통점괘' 투자방법은 앞날의 점(占)술과 운타이밍기술이다……
- 손도사는 지난날에 손재찬이란 본명으로 《運타이밍재테크》 책과 《이 책을

읽으면 돈벼락이》책까지 '직접 저술'하여 출간을 했었다.

- 정말로 부자가 되고 싶은 사람들은 손재찬 지음《이 책을 읽으면 돈벼락이》 책 또는《지식의 공유》책을 꼭 한 번 읽어보시길 바란다.

- 고위험 속에 고수익이 있고, 돈벼락 투자는 '운타이밍'이 가장 중요하다.

- 위기는 준비된 자에게는 '기회'이고, 준비 안 된 자에게만 '위험'이다.

- 위기는 '혁신과 역전'을 할 수 있는 정말로 귀중한 기회이다…….

- 충고하건데, 자기 자신이 잘 모르는 것에는 참견 및 개입을 하거나 결코 '돈 투자'로 장사영업 및 사업을 하지 말라~.

- 특히, 자기 자신의 손바닥 가운데에 기다랗게 '가로막은 손금'이 1~3개가 생겨있는 사람은 100% 확률로 돈떼임 당함·투자손해 당함·장사영업실 패·사업부도·파산 등이 따르니 꼭 '조심'을 하고, 나이먹은 사람들은 지 금 '확인'을 해보라!

- 또한 둘째손가락 맨아래 마디금의 아래부위에 가느다란 가로금이 1~3개가 생겨있는 사람은 승진이 안 되고, 선거 낙선을 당하고, 관재수가 따르고, 사업에서 실패하는 등 성공출세의 '상승운이 가로막혀' 절망과 좌절을 당하 고 있거나 또는 나이 먹은 사람들은 100% 절망과 좌절을 당했을 것이니 지 금 '확인'을 해보라!

- 또한 소지 새끼손가락 아래에 짧은 결혼금 2개가 쌍둥이처럼 나란히 생겨 있는 사람은 99% 확률로 '이혼 및 재혼'을 하게 되고, 수명생명금이 짧게 생겨있는 사람은 95% 확률로 그만큼 수명이 짧게 되고, 기본3대손금 중에 서 어느 한 개라도 중간이 끊겨 있으면 90% 확률로 죽을 고비를 겪게 되 고, 세로 4대손금인 수직손금 및 상향손금들이 짧게 생겨있거나 또는 안 생 겨있으면 평생을 가난하게 살게 되니 지금 '확인'을 해보라!

- 손금에서 기본 3대손금과 세로 4대손금은 가장 중요한 '필수손금'들이고, 7개의 필수손금은 일·월·화·수·목·금·토의 기운(氣運)으로 생기며, 7개의 필수손금들이 모두 기다랗게 생겨있어야 운세가 강함을 나타내고, 손바닥에 '가로금'들이 생겨있거나 '하향가지금'이 생겨있으면 운(運)을 가로막아 그만큼 '운세가 약함'을 나타낸다.

- 손금에서 '재물운'은 세로 4대손금들, 특히 약지 넷째손가락과 소지 새끼손가락을 향한 수직손금 및 상향손금이 기다랗게 생겨있어야 한다.

- 사람의 '운명표시손금'은 태어날 때부터 약 7개에서 100개 이상까지 생겨지고, 손금선의 종류는 약 50가지로 분류하며, 타고난 소질 및 성격분석을 포함하여 약 1,000가지의 '상세운'으로 분석 및 진단하여 사람 개인의 타고난 '평생운명'을 정확히 감정을 하고, 앞날운을 정확히 예측할 수 있다.

- 상세한 개인들의 운명자가진단은《손도사 손금풀이》책을 꼭 한 번 봐라~.

- 또는 백문이불여일견이라고 점(占)술의 세계 1등 손도사에게 '종합운명감정과 상담'을 꼭 한 번 받으라~.

- 자기 자신의 타고난 '운명'을 정확히 알고, 그리고 세상의 운(運)을 알라!

- 사람 개인들이 자연분만으로 태어난 타고난 사주와 자연섭리로 생겨지는 손금은 100%까지 정확하고, 자연섭리와 법칙으로 작용하는 천기학대주역의 이론은 100%까지 정확하다.

- 이 세상 모든 것은 반드시 운(運) 변화의 '순환법칙'이 계속된다.

- 천기학 대주역에는 약 100년주기법칙과 약 10년주기법칙이 있고, ① 한국의 외환위기 ② 세계의 금융위기 ③ 코로나19 대공포 및 세계경제위기와 개인의 9수나이 및 삼재수나이 등은 약 '10년주기운(運)법칙' 때문이고, 다음의 큰 위기와 큰 변동은 2029년과 2039년쯤이 될 것이다……

- 주기운(運)법칙은 국가와 기업 등의 '미래계획'에 활용을 꼭 잘하라~.
- 모든 경제시장은 거품의 대호황 직후에는 반드시 '불황'이 따른다.
- 경제적 거품이 터질 때는 과도하게 평가된 자산들부터 우선적으로 붕괴와 폭락이 진행되고 다시 불황으로 바뀌게 된다.
- 호황기로 물건의 값이 최고점일 때는 미련없이 주식과 부동산 등을 모두 팔아서 '현금'으로 바꾸어 놓아라.
- 모든 투자는 물건들이 가장 비쌀 때는 팔아버리고, 반드시 기다렸다가 값이 가장 쌀 때 헐값으로 다시 사는 것이다.
- 모든 투자는 ① 값이 폭락할 때 ② 최악의 불경기일 때 ③ 최저가로 값이 떨어졌을 때 ④ 모두가 망했다고 할 때 등이다.
- 준비와 다음 기회를 기다리는 '시간투자'는 고도의 투자기술이다.
- 오랜 세월 자금과 자산을 늘리려면 세상을 '더 넓고 더 길게' 바라보라!
- 어떤 상황이 오더라도 자금과 자산은 직접 '관리'를 잘 해 나아가라.
- 삶을 잘 살려면 근면성실로 규칙적 '아침형 인간'이 되어라.
- 젊은이여! 취직과 취업보다는 도전과 모험으로 '창업'을 시도하라.
- 젊은이여! 직장보다는 평생 할 수 있는 '직업'을 더 중요시하라.
- 직업을 선택했으면 10년 이상 인내하면서 '본업'에 꼭 충실을 하라.
- 시장경제 자본주의사회에서 부자가 되려면 '목표와 계획'을 꼭 세우라.
- 지금부터 1단계로 자기 앞가림의 민생고 해결과 종잣돈 마련을 위해 1억 원을 모으고, 2단계로 10억 원을 모으고, 3단계로 평생 100억 원쯤 개인재산을 소유하는 부자 '자산가'를 꼭 목표로 하라.
- 개인재산 100억 이상을 더 벌려고 재물집착은 결코 하지 말라!
- 지나친 과욕의 재물집착은 물고기의 낚시바늘처럼 구속을 당해간다.

- 현대사회는 100세 시대이니, 100살까지의 단기·중기·장기 그리고 평생 등 삶의 계획과 목표를 꼭 세우라.
- 삶의 꿈과 계획 및 목표가 있는 사람은 분명히 '성공'을 한다…….
- 세상과 인생은 아는 만큼 보이고, 많이 알아야 '권리'를 찾는다.
- 모든 사람은 조직 및 단체와 회사·기업의 '운영과 경영'을 잘 배워두어라.
- 모든 조직·단체·회사·기업 등은 임원회의와 정기총회를 한다.
- 모든 조직·단체와 회사·기업의 임원과 회원 및 주주는 기본 재무와 회계 등 '재무상태표'를 꼭 볼 줄 알아야 한다.
- 회원 및 주주와 임원들은 재무상태표(대차대조표)에서 ① 현금흐름표 ② 손익계산서 ③ 재무비율 등을 알아야 하고 또한 경영을 알아야 한다.
- 모든 회사 및 기업이 사업을 잘 하려면 항상 '재무상태'가 좋아야 한다.
- 회사의 재무상태를 알려면 먼저 '현금흐름표'를 상세히 보라.
- 현금흐름표는 월간 또는 연간의 '성과'를 추적하는 데 유용하다.
- 현금흐름표는 특정기간 동안의 '은행계좌'를 잘 확인하라.
- 은행계좌에 현금을 예치하는 것과 현금을 인출하는 것이다.
- 현금흐름표는 현금흐름발생의 '출처'를 구분해서 '추적'을 잘 하라.
- 현금은 은행계좌에 있든지 또는 금고에 있든지 둘 중 하나이다.
- 현금의 유입은 ① 영업활동 ② 투자 ③ 자금조달 등이다.
- 현금흐름은 인출보다 예치가 많아야 하고 0이 되면 안 된다.
- 모든 기업들은 '자유현금흐름'이 필수적이고, 기업의 경영 및 운영을 유지하기 위한 자유현금흐름은 클수록 더욱 좋다.
- 기업과 사업을 할 때 현금은 중요하지만 '이윤'은 더욱 중요하다.
- 기업과 사업은 장기간의 이윤이 없으면 반드시 망하게 된다.

- 판매와 수익을 판단하기 위해서는 '비용'을 연결해서 추적을 하라.
- 기업회계는 '발생주의'로 수익과 비용을 대응시키는 '대응원칙'을 기본원리로 하고 있다.
- 기업의 손익계산은 매출 − 상품원가 − 비용 − 세금 = 순이익이다.
- 특히 회계의 대응원칙에서 전문가들은 '잠재적 편향'을 잘 써서 공식 또는 가정 등을 변경해 이윤선을 '조정'할 수도 있다.
- 기업들은 특정기간에 기업의 순가치를 '대차대조표'로 작성을 한다.
- 기업들은 지난 1~2년간의 회계를 회계년도 마지막 날을 기준으로 계산한 '대차대조표'를 작성 · 보고 · 고시를 해야 한다.
- 기업들은 많은 자산과 부채 그리고 자본으로 구성되어 있다.
- 자산이란 시설과 설비 · 제품 · 재고 · 외상매출계정 · 현금 등이다.
- 부채는 대출금 · 조달자금 · 외상매입계정 · 채무 등이다.
- 자본은 소유주지분의 자본 및 투자자자본과 유보이익금 등이다.
- 기업의 대차대조표는 양쪽의 합산수치가 '균형'을 이뤄야 한다.
- 대차대조표(재무상태표)는 해당 기업의 재무적 건전성과 지불능력여부 등 '기업가치'를 판단하는 귀중한 자료이다.
- 특히 대차대조표는 수치의 편향을 줄 수 있는 가정 또는 추정이 있으니 대차대조표를 볼 때는 '주석'을 꼭 함께 잘 살펴라.
- 기업과 사업을 할 때는 항상 '재무비율'을 꼭 알아야 한다.
- 재무비율을 보면 특정부분의 비즈니스를 잘 판가름할 수 있다.
- 재무비율을 산업평균과 비교해 보면서 해당기업의 '성과'를 알라.
- 수익성비율은 이윤을 창출하는 그 기업의 능력을 표시한다.
- 자산수익률은 그 사업에 투자된 자산 대비 이윤을 나타낸다.

- 타인자본비율은 그 기업이 빚을 얼마나 쓰고 있는지를 나타낸다.
- 유동성 비율은 청구서에 지급할 수 있는 그 기업의 능력을 나타낸다.
- 효율성 비율은 그 기업이 얼마나 효과적으로 자산과 부채 등을 잘 관리하고 있는가를 나타낸다.
- 이자보상배율은 영업이익으로 은행이자 등을 감당할 수 있는 정도를 나타내고, 영업이익으로 은행이자도 못 갚을 경우는 그 사업을 과감히 접어야 한다.
- 투자수익률은 시간 · 노동 · 자본 등의 투자에서 생기는 가치이다.
- 매몰비용은 일단 투자가 된 후에 회복될 수 없는 시간 · 노동 · 에너지 · 자본 등의 총체를 말한다.
- 모든 사업과 기업은 '매몰비용'이 발생되어서는 절대로 안 된다.
- 재무제표를 검토할 때 투자수익률 · 총자산수익률 · 재고회전률 · 매출채권 회수율 · 재무비율 등은 '사업건전성'확인에 아주 중요하다.
- 모든 사업은 비용과 편익분석으로 '비용 대비 편익'도 잘 검토를 하라.
- 경영은 누구나 할 수 있지만, 아무나 잘 할 수는 없다.
- 단체 및 조직과 기업 등의 운영과 경영은 반드시 '방향성'을 잘 잡아라.
- 모든 기업과 조직단체는 기본적으로 사람과 시스템으로 움직인다.
- 기업과 조직단체는 기획전략이 필요하고, 경영자는 인재와 시스템을 잘 관리하여 모든 구성원을 반드시 '공동목표'로 잘 이끌어야 한다.
- 기업과 조직단체가 공동목표를 향해 나아가면 반드시 '성공'을 이룬다.
- 특히 공동주택아파트와 집합건물 등 모든 조직과 단체 및 회사의 감사는 '운영감사와 회계감사'를 잘 하라.
- 정기회계감사를 할 때는 특히 ① 합계잔액시산표, ② 금전출납장과 전표철,

③ 재무상태표상예금과 실제통장의 대조 및 은행발행의 잔액증명서 첨부,
④ 장기수선충당금 통장은 2인 이상 인감사용 등을 꼭 '확인'을 잘 하라.

• 회계를 잘 모르는 사람은 '감사직'을 맡거나 또는 맡기지 말라~.
• 경영을 잘 모르는 사람에게 입주자대표 또는 관리인·대표이사·기관장·단체장 그리고 회장직을 맡기지 말라~.
• 모든 전문적인 일은 반드시 그 분야의 '전문가'에게 꼭 맡겨라.
• 모든 업무와 일은 실력과 능력이 있는 '적임자'에게 꼭 맡겨라.
• 어떤 경우에도 실력과 능력이 없는 사람에게는 일을 맡기지 말라~.
• 어떤 경우에도 적임자가 아니면 '선출과 인사발령'을 하지 말라~.
• 비전문가에게 일을 맡기는 것은 모두가 함께 망하는 지름길이다.
• 자기 자신이 잘 모르는 분야에는 절대로 관여나 손을 대지 말라.
• 잘 모르거나 운(運)까지 안 따르면 반드시 손해와 실패가 따른다.
• 인생살이에서 큰 잘못을 초래하면 '죽음'까지도 당할 수 있다…….
• 모든 나라의 국민들은 국가 경영에 필요한 조세부담 의무가 있다.
• 대한민국의 조세체계는 ① 국세 ② 지방세 ③ 관세가 있고, 국세는 다른 공과금 및 기타 채권에 우선하여 징수를 한다.
• 부동산을 취득할 때는 취득세와 등록세를 신고·납부해야 한다.
• 부동산을 매도·교환을 할 때는 양도소득세를 신고·납부해야 한다.
• 소득이 있을 경우에 개인은 ① 소득세, 법인은 ② 법인세를 내야 한다.
• 소득세는 개인의 모든 소득에 합산과세이고 누진세율을 적용한다.
• 법인세는 각 사업연도 종료일로부터 3개월 이내에 ① 대차대조표 ② 손익계산서 ③ 이익잉여금처분(결손금처리)계산서 ④ 현금흐름표 ⑤ 세무조정계산서 등을 '함께제출'과 관할세무서에 신고·납부를 해야 한다.

- 세무조정에서는 익금 및 손금의 산입 및 불산입을 잘하라.
- 모든 사업자는 각 사업장마다 관할관청에 신고 · 등록을 해야 하고, 소득세 또는 법인세와 부가가치세 등을 신고 · 납부해야 한다.
- 사업자는 ① 일반과세 ② 간이과세 ③ 면세 등으로 구분하고, 일반과세자는 개인이든 법인이든 '부가가치세'를 내야 한다.
- 부가가치세는 매년 1월과 7월달에, 소득세는 매년 5월달에, 법인세는 통상 매년 3월달에 신고 · 납부를 해야 한다.
- 재산세는 매년 과세기준일(6월 1일자) 현재 부동산 소유자에게 건축물은 7월달에, 토지는 9월달에, 주택은 7월과 9월에 반반씩, 선박 및 항공기는 7월달에, 과세표준으로 신고 · 납부를 해야 한다.
- 대한민국에는 현재 약 30가지의 세금이 존재한다.
- 대한민국에서 현재 사업을 하는 사람들은 실력 및 능력과 운(運)이 좋은 대단한 사람들이고, 세금을 많이 내는 사람은 정말로 애국자들이다.
- 세금을 많이 내거나 기부금을 잘 내는 사람에게 '감사'를 해야 한다…….
- 모든 사람은 태어나면 죽을 때까지 계속 '경쟁' 속에서 살아간다.
- 모든 생명체는 생존을 위해서 죽을 때까지 '경쟁'을 해야 한다.
- 싸우지 않고 이기는 방법이 최선의 방법이고 기술이다.
- 싸우지 않고 이기는 방법과 기술이 '권모와 술수'이다.
- 권모와 술수는 자연계에서 식충세계와 동물세계의 먹이 경쟁을 할 때 항상 일어나는 자연계의 생존방법이고 성공기술이다.
- 약자가 강자를 이기려면 반드시 '권모술수 전략'을 잘 사용하라.
- 약자가 강자를 이기려면 '대담한 전략'을 철저하게 잘 세우라.
- 꼭 이기기 위해서는 모든 것을 반드시 '최적화'를 잘 시켜라~.

- 독수리가 높은 곳에서 땅을 내려다 보듯, 호랑이가 은밀하게 먹잇감에 접근을 하듯, 사자가 용맹스럽게 먹잇감을 넘어뜨리듯 행하라.
- 영업 · 승진 · 선거출마 등 경쟁을 할 때는 '권모술수'에 능란하라.
- 선전포고와 정면승부 싸움은 손실이 크니 절대로 잘 피하라.
- 상황에 따라 행동을 잘 하고 돌발 상황의 '대비책'도 세워두어라.
- 가끔은 반대표를 던져서 존재감과 영향력을 과시하라.
- 내버려두다가 결정적 기회에 나서서 '존재감'을 과시하라.
- 자기편의 강점 · 장점 · 이점을 최대한 내세우고 활용을 잘 하라.
- 자기편의 권위와 인맥 등 유리한 것을 최대한 활용을 잘 하라.
- 상대편의 약점 · 단점 · 허점을 계속해서 집요하게 공격을 하라.
- 상대편이 무방비일 때 기습과 역습으로 '급소'를 공격하라.
- 싸움을 하려면 공격목표 내부에 정보원과 간첩을 심어두어라.
- 상대편 적들끼리 싸우게 하는 어부지리술책을 사용하라.
- 상대편에게 책임과 허물을 씌우는 모함술책을 사용하라.
- 상대편에게 음해와 죄를 날조하는 조작술책을 사용하라.
- 상대편에게 사람과 자금돈줄을 막는 고립술책을 사용하라.
- TV · 신문 · 인터넷 등 언론매체로 여론몰이술책을 사용하라.
- 비밀로 철저하게 중상 · 모략 · 음해로 상대를 곤경에 빠뜨려라(위의 나쁜 술책들은 꼭 필요할 때만 사용해야 합니다).
- 빈틈을 주지 말고 연쇄적으로 파도처럼 '파상공격'을 계속하라.
- 알고 있어도 모르는 척하고 함부로 속마음을 드러내지 말라.
- 싸움이나 경쟁을 할 때는 고도의 '심리전술'을 잘 사용하라.
- 싸움이나 모든 문제들은 '사전예방'이 가장 중요하다.

- 피할 수 없는 한판 대결의 싸움이라면 '선제타격'을 감행하라~.
- 선제타격과 예방타격은 최소피해의 '선제방어'이다.
- 싸움이나 경쟁을 할 때는 '정보와 보안'에 신경을 많이 쓰라.
- 정치인 및 기업인과 특수 중요한 일을 하는 사람들은 항상 CCTV와 언론 기자 등을 조심하고, 대화와 통신의 '감청과 도청'을 조심하라(현대사회는 비밀녹음과 촬영 그리고 감청과 도청기술이 놀라울 정도이고, 모든 국가 와 기업체 등의 경쟁자끼리는 언제나 감청과 도청이 빈발하고 특히 미국은 100개 이상의 위성으로 전 세계의 모든 통신과 대화 등을 24시간 감시를 하고 있다).
- 첩보 및 정보의 수집과 보완유지는 곧 경쟁력이고 힘이다.
- 모든 정보들은 시간별 · 지역별 · 분야별 등으로 '분류'를 잘 하라.
- 신문구독은 보수 · 진보 · 중도 등을 함께 골고루 읽어라.
- 출세야망이 있는 사람들은 반드시 정당가입과 정치에 뜻을 세우라.
- 야망이 있는 사람들은 우선적으로 군의원 · 구의원 · 시의원 · 도의원 · 국 회의원 등을 '순차적'으로 출마도전을 하고, 지방자치단체장 및 공공기관장 또는 국무위원 등으로 성공과 출세를 꼭 진행시켜 나아가라~.
- 선출직과 임명직으로 성공과 출세를 하려면, 반드시 '출마당선운'과 '낙하 산발령운' 및 '내정임명운' 등에 대해 사전에 꼭 점(占)을 봐 두어라~.
- 야망이 큰 사람들은 자기 자신의 '성공출세운'을 꼭 점(占) 봐 두어라~.
- 개인들의 사주와 손금에는 '성공출세운'이 정확하게 나타나 있다.
- 정치와 정당의 당원들은 정당의 이념과 노선 그리고 정강과 정책을 알아야 하고, 정당의 지도자가 되려면 당헌과 당규를 꼭 알아두라.
- 특히 정당은 국가발전과 사회개혁에 대한 강력한 의지와 그 의지를 반영한

분명한 '노선과 색깔'을 가져야 한다.

- 특히 정치인은 정치철학과 국정철학을 가져야 하고, 정부 및 지방의 단체 장들은 행정철학을 가져야 한다.
- 특히 정치인은 은퇴를 할 때까지 계속 선거를 치르고 계속 싸워야 한다.
- 정치인과 민선 단체장들은 시대정신과 '세력조직'을 꼭 갖추어라~.
- 민선 단체장에 도전하려면 국가관과 '비전제시'를 크게 잘 하라.
- 민선 단체장에 도전하려면 TV 노출과 언론플레이를 잘 하라.
- 모든 선출직에 도전하려면 치밀한 전략과 다수의 지지를 얻으라.
- 모든 선출직에 도전하려면 가장 먼저 '당선운(運)'부터 알아두어라~.
- 선거는 항상 현실이고, 선출직은 '결과'로만 이야기할 수 있다.
- 모든 선거를 치를 때는 사전에 반드시 '선거전략'을 잘 세우라.
- 선거운동에서 효과가 가장 큰 것은 선거관리위원회 등에서 개인과 집집마 다 보내주는 '선거홍보자료'이니 반드시 홍보물을 잘 만들어라.
- 선거전략에서는 정책과 공약 등의 강력한 '의지'를 분명히 밝혀라.
- 모든 선거를 치를 때는 전략의 '책사'와 전투의 '투사'를 잘 두어라.
- 모든 선거를 치를 때는 겁쟁이 지식인과 대학교수들을 배제시켜라.
- 또한 대학교수들은 결코 '폴리페서(polifessor)'가 되지 말라.
- 본업에 충직하지 않은 '철새' 같은 사람은 결코 신뢰를 하지 말라.
- 대학교수들은 오직 연구와 학생들 '가르침'에만 평생 동안을 하라.
- 모든 선거는 지혜와 행동을 수반한 진두지휘 '야전사령관'을 잘 두어라.
- 모든 선거를 치를 때는 ① 전략기획팀 ② 이미지개발홍보팀 ③ 조직운영팀 ④ 자금조달재정팀 등 선거에 따른 '팀구성'을 잘 하라.
- 선거출마의 후보자는 조직관리와 정책개발 및 비전제시를 잘 하라.

- 모든 선거 때는 돌출발언과 행동으로 대중의 '관심'을 잘 유도하라.
- 모든 선거와 정치선거는 '여론'을 잘 살피고 '바람몰이'를 잘 하라.
- 모든 선거를 치를 때 비장의 카드로 '네거티브전략'도 준비해 두어라.
- 선거를 꼭 성공하려면 단합과 연대 · 연합 · 합당 등을 잘 하라.
- 정당대표와 원내대표는 기운(氣運)이 강한 사람을 꼭 선출하라~.
- 정치정당의 당대표와 원내대표는 당의 이미지와 운(運)을 대표한다!
- 선거와 정당공천은 반드시 '이길 수 있는 후보자'를 잘 선택하라.
- 선거를 앞두고 있는 정당과 대표들은 먼저 '점(占)'을 꼭 봐두어라~.
- 특히 총선과 대선은 선거 해의 사회 여론과 경제상황이 중요하고, 정치 정
  당의 운(運)과 후보자의 '개인 운(運)'은 정말로 더욱 중요하다.
- 지방의원과 단체장 선출을 할 때도 후보자 개인의 '공천운 및 당선운과 출
  세운'을 사전에 반드시 점(占) 봐두어라~.
- 필자 손도사는 국회의원 선출과 지방의원 선출 및 단체장 선출 등 선거를
  할 때마다 수많은 후보들의 '선거당락'을 점(占)쳐 주었고, 한국 정치 1번지
  서울 종로 국일관의 대주주 겸 터줏대감으로서 큰 선거를 할 때마다 '은둔
  막후역할'을 하면서 국가와 민족을 위한 '위대한 대통령' 선출을 진심으로
  소망하고 기도하고 있다.
- 필자 손도사는 2020년 8월 1일자 출간한 《정권은 바뀐다》 책의 앞표지에
  "다음 대통령은 이 책 속에 있습니다."라고 충격적인 예언을 해 놓았다.
- 나라와 백성을 위한 '애국애민'의 이 소망은 꼭 이루어질 것이다…….
- 모든 선출직과 인사발령의 대상자들은 '운 8 · 노력 2 법칙'이니, 가장 먼저
  자기 자신의 '출세운'을 사전에 꼭 점(占) 봐두어라~.
- 나를 알고, 적을 알고, 세상의 이치를 알고 그리고 '운(運)'을 알라.

- 내 인생의 진정한 적은 바로 '자기 자신'임을 알아야 한다.
- 남을 이기는 것보다 자기 자신을 이기는 사람은 정말로 강하다.
- 사람에게는 평생 동안 자기 자신의 '그림자'가 따라다닌다.
- 그림자가 항상 따라다니기 때문에 말과 행동을 항상 '조심'하라.
- 자기 자신의 과거 그림자에 떳떳하지 않거든 '공직'에 나서지 말라.
- 국정조사 및 청문회 등은 사전조사와 준비 그리고 계획 및 의도적으로 물어 보니 답변자는 철저하게 '준비와 대응'을 잘 하라.
- 정권이 바뀌면 앞 정권 때 '특혜'를 받은 기업인들은 조심을 하라.
- 정권이 바뀌면 기업길들이기가 따르고, 보복성의 세무조사 및 적폐청산 · 부정비리 청산 등 정치적 온갖 조사 및 수사 등이 꼭 뒤따른다.
- 모든 싸움은 준비 · 대비 · 대응을 잘 하는 쪽이 항상 유리하다.
- 명분이 있으면 약자가 강자를 이길 수 있고 싸움을 이길 수 있다.
- 명분 쌓기를 계속 하면서 '대의명분'으로 기회와 대세를 잘 잡아라.
- 적절한 운때를 기다려서 '협상과 타협'으로 싸우지 않고 이겨라.
- 큰일은 시기를 잘 포착하여 정확하고 과감하게 실행을 하라.
- 모든 일은 절차를 따르고 '명분 쌓기와 실적 쌓기'를 잘 해나가라.
- 모든 것은 상황에 따른 시기적절의 '타이밍'을 잘 맞추어라.
- 모든 것은 타이밍을 잘못 맞추면 결국 실패로 끝나 버린다.
- 타이밍을 맞추기 위해 '운때'를 기다리는 것은 최적의 전략이다.
- 권력과 힘은 아무에게도 나누어 주거나 물려주지 말라.
- 한 번 실수로 권력에서 밀려나면 영원한 뒷방 신세가 되어 버린다.
- 아랫사람을 쓸 때는 오직 '충성심'과 '직무능력'을 함께 잘 살펴라.
- 우두머리는 아랫사람들의 능력을 꿰뚫어 보는 '안목'을 꼭 키우라.

- 무척해야 무탈하고 잘 살게 되니 인생과정에 적을 만들지 말라~.
- 입살도 살(殺)이 되니 사람들이 저주와 악담을 하게 하지 말라.
- 사람들이 원망과 저주와 악담을 많이 하면 결국에는 망하게 된다.
- 비방과 악플 그리고 욕을 많이 먹으면 결국에는 망하게 된다.
- 성공과 출세를 하려면 소통과 설득 및 협상을 잘 해 나아가라~.
- 소통 및 설득 그리고 협상 및 회의 등을 잘 하려면 '동의'를 받아낼 수 있도록 사전에 준비와 계획 등 '전략'을 잘 세우라.
- 설득을 잘 하려면 예스를 할 수 있도록 '분위기'를 잘 조성시켜라.
- 설득을 잘 하려면 객관적인 근거와 데이터를 잘 제시하라.
- 협상을 할 때는 자신에게 유리한 조건을 먼저 '선점'해 두어라.
- 협상을 할 때는 상대방이 거절할 경우를 '대비'까지 해 두어라.
- 협상을 할 때는 양쪽이 만족할만한 '합의점'을 잘 생각해 두어라.
- 설득과 협상을 잘 하려면 먼저 가장 적절한 '타이밍'을 잘 잡아라.
- 설득과 협상을 할 때는 최선책이 안 되면 차선책이라도 꼭 받아내라.
- 세상은 아는 만큼 보이니, 공부하고 경험을 쌓고 '안목'을 키워라.
- 꿈과 야망은 성공을 낳고, 성공은 더 큰 야망을 낳는다.
- 성공을 하려면 자신의 강점·약점·장점·단점을 정확히 '인식'하라.
- 성공을 하려면 진정한 지식과 실력 및 능력을 갖춘 '인재'가 되어라.
- 성공을 하려면 나쁜 성격·나쁜 말투·나쁜 행동은 꼭 '개선'을 하라.
- 성공을 하려면 규칙적인 운동으로 '몸관리'부터 잘 해 나아가라.
- 성공을 하려면 책을 많이 읽고 '평생공부'를 계속해 나아가라.
- 성공을 하려면 스스로 '인격과 품격'을 계속 높여 나아가라.
- 성공을 하려면 꼭 필요한 사람들과 '인맥형성'을 잘 해 나아가라.

- 성공을 하려면 자신에게 유리한 '상황조성'을 계속 만들어 나아가라.
- 성공을 하려면 항상 주류 편에 함께하고 '주도권'을 꽉 잡아라.
- 현재를 주도하는 사람들이 항상 그 시대와 그 사회를 지배한다.
- 역사 이래 가장 큰 세계의 주도권은 15~16세기는 스페인이 그리고 17~19세기는 영국이 그리고 20~21세기는 미국이다.
- 미국은 경제·군사·정치 등에서 세계의 '큰형님' 역할을 하고 있다.
- 세계 글로벌 경제는 미국의 경제정책과 미국 달러의 운용구조이다.
- 글로벌 경제는 미국 달러 운용에 따라 희비가 엇갈리는 시스템이다.
- 모든 기업과 국가는 미국의 경제정책과 달러운용을 꼭 알아야 한다.
- 모든 국가의 정치는 여당이 주도권을 잡고, 정치 이념적 우파와 좌파는 시대정신에 따라서 주도권이 번갈아 '반복'이 된다.
- 오늘에 최선을 다하라. 한 번 지나간 시간은 되돌아오지 않는다……
- 성공출세와 부자가 되려면 평생 동안 항상 '시간관리'를 잘 하고 반드시 '새벽형인간'이 되어라~.
- 똑같이 주어진 하루 24시간을 어떻게 쓰느냐가 성공을 좌우한다.
- 남보다 1시간 일찍 일어난 사람은 10년을 앞당겨 성공을 이룬다.
- 새벽에 일어나는 시간은 항상 새벽 동틀 무렵으로 모닝콜 자명종을 꼭 맞추고 '습관 길들이기'를 꼭 실천하라.
- 새벽 동이 트는 시간은 기압과 습도 및 기온과 바람 등이 바뀐다.
- 사람의 일상 생활도 자연변화 흐름과 생체리듬에 잘 맞추어라.
- 태양이 찬란하게 솟아오르는 아침 시간 때는 누구나 아침운동 및 태양을 바라보고 명상자세로 앉아 '아침태양명상'을 하면서 우주자연의 생명에너지를 온 몸으로 받아들여라.

- 새벽 일찍 일어남과 아침태양명상은 '일거삼득'의 좋은 습관이다.
- 일을 꼭 성공시키려면 차근차근 '절차'에 따라 준비를 잘 하라~.
- 일은 계획과 준비를 잘 해두면 스스로 용기와 자신감이 생겨진다.
- 성공한 사람은 남다르니, 그것을 한 수 배우고 '벤치마킹'을 잘하라.
- 실패한 사람들은 잘못들이 있으니, 실패 원인을 꼭 분석해 봐야 한다.
- 큰 실수와 큰 실패를 당했거든 그것을 '평생 교훈'으로 꼭 삼으라~.
- 실수와 실패로부터 배우는 사람은 훗날에 더 크게 성공을 해 낼 수 있다.
- 위기와 위험 및 역경에 처할 때가 '전화위복'의 진정한 기회이다.
- 기회는 기다리기도 하지만, 적극적으로 기회를 만들어가라.
- 물고기는 그물과 낚싯바늘로 잡고, 사람은 '돈과 신뢰'로 잡는다!
- 사람의 신뢰와 신용은 정말로 중요하니 평생 동안을 잘 '관리'하라.
- 신용불량을 경험한 부모는 자기의 자녀들에게 평생 동안의 '신용관리교육' 을 잘 시켜 부모의 전철을 밟지 않게 하라.
- 무슨 일이든 큰 실패를 경험한 부모는 자기의 자녀들에게 실패의 경험담을 들려주어 부모의 전철을 밟지 않게 하라.
- 큰 질병으로 고생한 부모는 자기의 자녀들에게 질병의 원인과 고통의 경험 담을 들려주어 부모의 전철을 밟지 않게 하라.
- 가난한 부모는 자기의 자녀들에게 타고난 '소질적성'을 꼭 살려주고, 운(運) 을 좋게 '개운'을 해주어 가난대물림이 되지 않게 하라.
- 세상과 인생살이는 직접 경험해 본 것이 가장 '진실'한 지식이다.
- 세상과 인생은 운(運)이 중요하니 반드시 '운을 좋게' 만들어 가라~.
- 몸이 아프면 약국과 병원을 찾아가듯, 운(運)이 안 풀리거나 또는 나쁘다고 생각이 들면 반드시 '사주와 손금'으로 꼭 한 번 운명진단을 받으라~.

- 정확한 사주풀이와 손금풀이는 100%까지 운명을 맞출 수 있다.
- 세상은 아는 만큼 보이고, 인생살이는 '운과 복'으로 살아간다……
- 세상 이치를 잘 모르는 사람은 '좋은 책'을 읽고 꼭 배워나가라~.
- 배우고 실천하고 또 배우면 인생살이가 반드시 더 나아진다.
- 거대한 느티나무도 작은 씨앗으로부터 자라난 것이다.
- 천리길도 한 걸음부터이고, 높은 산을 오를 때도 한 계단부터이다.
- 할 수 있다고 생각하면 할 수 있고, 할 수 없다고 생각하면 안 된다.
- 자수성가한 사람들은 환경을 탓하지 않고 오히려 환경을 만들어간다.
- 뛰어난 기술자는 연장을 탓하지 않고, 명필은 붓을 탓하지 않는다.
- 거울을 보고 내 모양새를 바로 잡듯, 좋은 책을 읽고 삶을 바로 잡아라~.
- 책 한 권에서 '좋은 글귀' 한 개만 얻어도 책값은 충분하다!
- 책을 읽지 않는 사람은 결코 성공·출세·부자가 될 수 없다.
- TV를 볼 때 드라마를 많이 보거나 개그프로 등을 즐겨보는 사람은 결코 성공·출세·부자가 될 수 없으니, 뉴스와 경제채널도 함께 꼭 봐라.
- 인터넷으로 게임·오락만을 하는 사람은 결코 부자가 될 수 없다.
- 스마트폰중독·게임중독·도박중독·마약중독·알코올중독·니코틴중독·종교중독 등 '중독자'들은 반드시 인생을 망치게 된다.
- 망하고 후회하지 않으려면 어금니를 악물고 스스로 '절제'를 꼭 하여라.
- 너무나도 귀중한 자기 인생을 '중독성' 때문에 망치지 말라~.
- 사주운명에 따른 각종 중독성은 스스로 자가치료가 정말로 어렵다!!
- 향정신성의 모든 중독자들은 스스로 자기 절제가 결코 되지 않는다!!
- 중독자들은 타고난 사주에 따라 과거 및 전생과 조상핏줄의 업(業)내림 때문이니, 반드시 업살풀이로 '운치료'를 꼭 한 번 받아야 한다.

- 사주운명에 따른 각종 정신질환과 빙의는 자가치료를 할 수 없다!!
- 암치료를 의사가 해주는 것처럼 운명치료는 '도사'가 해준다…….
- 잘못되었다고 생각이 들 때는 온갖 방법으로 꼭 '개선'을 하라~.
- 위기와 절망이라고 생각들 때가 정말로 과감히 '행동'을 할 때이다.
- 큰 성공을 하려면 계속된 학습·연습과 끈기로 '한 우물'을 파라.
- 오직 한 분야에서 최고전문가 소리를 들어야 '큰 성공'을 이룬다.
- 큰 성공을 이룬 뒤에는 오히려 겸손하고 더욱 검소하여라~.
- 부자에 대한 부러움과 배타적 질투와 미움은 '서민들의 본성'이다.
- 가난뱅이와 약자는 부자 및 강자를 선망하면서도 증오를 한다.
- 높이 오를수록 시야는 넓어지나 시기질투의 바람은 더욱 거세진다.
- 유명세를 타고 얼굴과 이름이 알려지면 사생활이 없어진다.
- 큰 성공을 하고 유명세를 타면 필연적으로 '감시'가 따른다.
- 유명세를 타면 절제와 겸손으로 항상 비판에 '대비'를 잘 하라.
- 잘난 체하면 적을 만들고, 못난 체 하면 친구를 만든다.
- 진정으로 승리와 자유를 바라거든 때로는 바보처럼 행동을 하라.
- 진짜 바보는 어리석은 바보이고, 가짜 바보는 영리한 바보이다.
- 성낼 줄 모른 사람은 바보이고, 성내지 않으면 영리한 사람이다.
- 자랑하는 사람은 바보이고, 숨길 줄 알면 영리한 사람이다.
- 허세부리는 사람은 바보이고, 겸손할 줄 알면 영리한 사람이다.
- 아는 체하는 사람은 바보이고, 물어 볼 줄 알면 영리한 사람이다.
- 대립하는 사람은 바보이고, 상생할 줄 알면 영리한 사람이다.
- 싸움하는 사람은 바보이고, 협상할 줄 알면 영리한 사람이다.
- 적을 만드는 사람은 바보이고, 친구를 만들면 영리한 사람이다.

- 그 사람의 어릴 적 성장과정을 모르면 오해가 따를 수 있다.
- 그 사람의 현재상황 및 속마음을 모르면 계속 오해가 따를 수 있다.
- 그 사람의 인생 가치관을 모르면 계속 오해가 따를 수 있다.
- 세상과 인생은 이해를 하기 전까지는 대부분 잘못 오해들을 한다.
- 무슨 문제가 있거든 문제의 '본질'을 파악해서 이해를 잘하라.
- 무슨 문제가 있거든 원인과 결과의 '관련성'을 잘 파악해 보라.
- 무슨 문제가 있거든 '이해득실'의 관점에서 분석을 잘 해 보라.
- 대다수 사람들의 인간본성은 대체로 '자기중심적'이다.
- 세상만사는 모두 '자기 입장'에서 생각과 행동들을 한다.
- 자신에게 이득 및 중요하지 않은 것은 대부분 무시해 버린다.
- 관심이 없는 주제에 대해서는 아예 관심을 꺼버리기도 한다.
- 사람은 자기 자신과의 이해득실로 모든 '의사결정'들을 행사한다.
- 특히 동질성을 가진 사람들의 의사결정은 크게 '잘못'될 수도 있다.
- 자신과의 이해득실에 따른 다수결제도는 '큰 위험?'일 수도 있다.
- 특히 민주주의 다수결제도는 절차와 목적이 '최선쪽'이어야 한다……
- 성공출세와 부자가 되려면 항상 '핵심과 본질'을 중요시하라.
- 성공출세와 부자가 되려면 한눈에 꿰뚫는 '통찰력'을 키워라.
- 성공출세와 부자가 되려면 자기 분야에서 탁월한 '전문가'가 되어라.
- 성공출세와 부자가 되려면 훌륭한 인재를 '협조자'로 잘 얻으라.
- 성공출세와 부자가 되려면 항상 '기회창조'를 계속 만들어 가라.
- 성공출세와 부자가 되려면 목표 · 계획 · 준비 · 실천으로 꼭 행하라.
- 성공출세와 부자가 되려면 일정 계획표 '스케줄'을 생활화 하라.
- 스케줄대로 움직이는 사람은 성공을 하고 출세를 하고 부자가 된다.

- 모든 성공자와 프로들은 일정표 스케줄대로 움직이는 사람들이다.
- 성공과 출세를 하고 있는 사람은 항상 '스캔들'을 조심하라~.
- 유명인사와 공인들은 항상 '구설수 및 망신살과 관재수'를 조심하라~.
- 유명인사가 된 사람들은 반드시 '겸손과 절제'를 많이 가져라~.
- 자기 절제로 겸손과 검소생활은 가르침과 배움의 '품성공부'이다.
- 가르침과 동기부여를 주는 '좋은 책'은 반드시 수중에 꼭 넣어라~.
- 일깨움과 동기부여를 주는 책이 가장 가치있는 '좋은 책'이다.
- 사람들에게 '동기부여'를 계속 유발시키면 누구나 성공을 이룬다.
- 자기 자신과 자녀에게 '끼'가 있으면 연예인으로 도전을 꼭 해보라.
- 연예인으로 발탁이 되면 가장 먼저 '인기운' 여부?를 꼭 감정받으라~.
- 가장 먼저 정확한 '운(運)감정'을 받은 후에 시간과 노력을 투자하라~.
- 특히 인기운이 약한 연예인은 연예계에서 결코 성공을 할 수 없다.
- 모든 연예인은 인기운을 좋게 '개운'하면 큰 인기를 얻을 수 있다.
- 모든 사람은 반드시 저마다의 한 가지씩은 '소질'을 타고난다.
- 타고난 사주와 손금으로 '성격 및 소질과 운(運)'을 정확히 알 수 있다.
- 타고난 소질재능 및 장점과 강점을 찾아내어 최대로 활용을 하라~.
- 사람의 타고난 천성소질발견계발과 좋게 '개운'은 정말로 중요하다……
- 성공출세와 부자가 되려면 최우선으로 '자기 자신'을 잘 경영하라.
- 현생을 잘 살려면 운영과 경영 등 '경영학'을 꼭 공부해 두어라.
- 가장과 주부가 가정을 잘 경영하는 것은 '경영기술'의 기본이다.
- 자기 가정을 잘 경영하지 못한 가장과 주부들은 반드시 '공부'를 하라.
- 자본주의사회에서 공부는 '재테크 공부'로 돈을 잘 버는 것이다.
- 공부는 마음을 잘 다스리는 것과 운(運)을 아는 것이 첫번째이다.

- 가정과 가게 및 회사를 경영하는 것은 고도의 기술과 운(運)이 중요하다.
- 집안과 가게 · 기업 · 국가 경영까지도 '앞날의 운(運)'을 꼭 알아야 한다.
- 앞날의 운(運)을 모르거나 또는 운(運)이 나쁘면 모든 것이 허사이다.
- 세상의 모든 것은 성 · 주 · 괴 · 공으로 변화 및 순환을 계속한다.
- 세상의 모든 것은 개발과 발전을 향해 스스로 '변화'를 계속 한다.
- 손도사는 2002년도에 저술책으로 '제4의 물결'을 예언하면서 첨단기술물결과 신명나는 한류물결을 선언까지 했었다.
- 21세기에는 제4의 정신 및 문화의 물결로 K팝 · K트로트 · K뷰티 · K푸드 · K패션 · K무브 · K문학 그리고 K점술과 K명상수련 등이 '한류물결'로 세상만방에 뻗쳐나간다.
- 21세기는 첨단기술의 물결로 '기존 직업의 종말'들을 예고한다.
- 앞으로 10년 후 당신의 직업과 사업을 준비 및 대비를 잘 하라~.
- 앞으로 미래산업과 미래사회의 예측을 대략해 보면, 소비자 직접 구매대중화 · 지식검색 대중화 · 딥러닝 대중화 · 모든 경계의 파괴화 · 모든 기득권의 파괴화 · 외국어 동시통역기의 대중화 · 현실과 가상경계의 파괴화 · 게임과 미디어 파괴화 · 스마트폰의 디지털 브레인화 · 3D프린팅의 대중화 · 가상화폐와 핀테크 등 금융의 다양화 · AR증강현실의 상업대중화 · 생체인식보안의 대중화 · 드론의 상용화 · 데이터과학의 상용화 · 양자컴퓨터의 상용화 · 대체에너지의 대중화 · 클라우드펀딩의 대중화 · 스마트 홈시대의 대중화 · 사물인터넷의 대중화 · 클라우드서비스 상용화 · GMO산업의 세계화 · 에너지집적기술의 가속화 · 전기자동차의 대중화 · 자율주행자동차의 상용화 · 로보어드바이저의 대중화 · 인공지능과 생활서비스로봇의 대중화 · 웨어러블장치의 대중화 · 인공지능 및 원격진료 의료서비스의 상용

화·로보닥 및 모바일 주치의 대중화·텔레파시와 염력의 실용화·뇌 인터페이스의 실용화·산업융복합의 일반화·바이오산업의 활성화·나노기술산업의 보편화·합성생물학의 상용화·자의식 인공지능과 자율 로봇의 상용화·레이저무기 실용화·사이보그인간 대중화·뇌신경 공학산업의 상용화·민간우주여행 상용화·초고속하이퍼루프기술의 상용화·극초음속비행기의 상용화·공중비행자동차의 상용화·인간의 자기복제 그리고 초광속비행·순간이동·시간여행·투명인간 등등 많은 첨단기술의 '미래산업'이 예상된다.

- 자본투자가와 기업인들은 '통찰과 예측'을 정말로 잘하라~.
- 21세기는 기술력이 세계시장을 군림하는 '승자독식'시대가 된다.
- 21세기의 기술은 복잡한 부분을 제거해서 '간단화'를 잘 시켜라.
- 21세기의 디자인은 불필요한 부분을 제거해서 '단순화'를 잘 시켜라.
- 21세기의 상품들은 간단하고, 단순하고, 편리하게 만들어라.
- 특히 21세기에는 컴퓨터·수학·데이터 활용 등을 잘 해야 한다.
- 21세기에는 끊임없이 변화와 혁신으로 '적응'을 잘 해나가야 한다.
- 혁신은 가장 어려운 것을, 변화는 가장 쉬운 것부터 '실행'을 하라~.
- 상대방을 변화시키려면 나 자신부터 '자기 변화'를 먼저 실행하라.
- 변화와 혁신에 앞서거나 적응하지 못하면 결국 '도태'를 당한다.
- 계속되는 변화와 혁신 그리고 집중과 끈기만이 살아남는다.
- 항상 현실을 직시하고 연구와 개발로 혁신과 발전을 계속하라~.
- 시장경쟁에서는 최고의 아이디어와 기술만이 살아남는다…….
- 비즈니스는 끝없이 계속 도전하고 배우고 성장하는 과정이다.
- 모든 일에 통합성과 시너지효과가 없는 것들은 '정리'를 잘 하라.

- 살아남으려면 핵심역량과 통합성으로 '재편성'을 잘 구상하라.
- 몸통이 살아남으려면 팔과 다리 하나쯤은 과감히 잘라 내어라.
- 모든 것의 끝은 끝이 아니고 또 다른 시작의 '시점'일 뿐이다.
- 모든 것의 시작과 끝은 '변화순환법칙'의 어느 시점일 뿐이다.
- 모든 것은 현재만 존재하니 항상 '현재'에 최선의 노력을 다하라~.
- 무슨 일이든 계획과 준비를 잘 하고, 중간에 '보완'을 잘 해나가라.
- 평생 동안 밥을 먹는 것처럼 끊임없이 배우면서 능력을 키워나가라.
- 명성과 능력을 갖춘 도움이 되는 친구와 사람들을 잘 사귀어 나가라.
- 세상과 인생을 잘 살려면 '자기편의 사람'을 계속 만들어 나가라.
- 모든 조직과 단체에서 성공을 하려면 '자기편의 사람'을 꼭 만들어라~.
- 능력있고 믿을만한 자기편 사람이 몇 명만 있으면 반드시 성공을 한다.
- 자기 소유의 재산이 있는 사람들은 항상 '손해배상사고'를 조심하라~.
- 자기 재산이 많거나 유명인들은 항상 '자동차사고'를 조심하라.
- 자동차 사고가 발생하면 민사 · 형사 · 행정법상 '책임'이 따른다.
- 자동차 손해배상법상 배상책임은 '운행자와 소유자'가 함께 진다.
- 자동차 주차장법상 책임배상은 '유료주차장'으로 한정한다.
- 자동차보험은 피해자도 보험금을 '직접 청구'할 수 있다.
- 자동차 사고의 피해자가 직접 보험금을 청구하면 보험회사는 피보험자에게 통지를 하고 7일 이내에 보험금을 지급한다.
- 자동차의 소유 · 세금 · 법규 · 사고 · 보험 · 운행 등은 아주 중요하다.
- 교통사고를 낸 자동차는 가해차량과 피해차량으로 구분 및 적용을 하고 추돌할 때는 뒤 차량이 가해자이고, 차로변경을 할 때는 변경을 하는 차가 가해자이고, 신호등이 있는 교차로에서는 신호위반 교차로 진입차가 가해자

이고, 신호등이 없는 교차로에서는 먼저 진입한 차가 우선순위이고, 큰길과 작은 길에서는 큰 길차가 우선순위이고, 직진과 좌회전에서는 직진차가 우선순위이고, 양보표지판 또는 일시정지표지판이 있는 곳에서는 진입차가 가해자이고, 일방통행표지판이 있는 곳에서는 어긴 쪽이 가해자이다.

- 자동차사고로 사망 및 중상해 그리고 10대 중과실 및 뺑소니를 일으키면 '형사처벌'을 받을 수 있고, 형사합의를 해야 참작이 되며 합의가 안 될 경우에는 '공탁금'을 예치하라.
- 세상의 이치는 아는 만큼 보이니, 모르는 것은 배우고 또 배워나가라~.
- 모든 국민은 헌법에 자유 및 행복추구의 권리가 있고 신체의 자유, 표현의 자유, 주거의 자유, 직업의 자유, 종교의 자유 · 계약의 자유 · 사랑의 자유 · 사생활의 자유 등이 있다.
- 모든 국민은 그 나라의 헌법과 기본 3법을 알아야 하고 또한 모든 종교인은 그 종교의 종헌과 종법을 알아야 한다.
- 모든 사람은 민법 · 형법 · 상법 등 '기본법률'은 꼭 알아두어라~.
- 모든 영업과 장사 · 사업 등 상업을 하는 사람은 '상법'을 꼭 알아두어라~.
- 세상과 인생을 잘 살려면 '종합실용서' 이 책을 꼭 한 번씩 읽어두어라~.
- 상가 · 주상건물 · 집합건물 · 오피스텔 · 분양형 호텔 등의 구분소유자와 관리위원은 '집합건물법'과 '관리규약' 등을 꼭 알고 있어야 한다.
- 모든 아파트의 입주민과 동대표는 '공동주택법'을 꼭 알아야 한다.
- 부동산의 사용 및 임대차관계에서 월세 또는 관리비가 '3개월 연체'가 될 경우에는 핸드폰 문자 또는 내용증명 우편으로 독촉 · 최고를 꼭 전달하고, 계약해지 및 명도(인도) 청구절차 진행을 잘 하라~.
- 모든 임차인들은 월세 또는 관리비를 3개월 연체를 하지 말라~.

- 중요한 의사전달은 내용증명 또는 핸드폰 문자 등을 잘 이용하라~.
- 사고사건 등 문제가 발생할 경우에는 반드시 '물증 확보'를 잘 하라~.
- 사고사건 등이 발생을 하면 2~3군데에서 '법률상담'을 받아보고 그리고 그 중에서 가장 합리적인 선택을 잘 하라~.
- 민사소송을 당하면 30일 이내에 반드시 '답변서'를 써내야 한다.
- 민사재판은 ① 소장 ② 답변서 ③ 준비서면 ④ 재판의 순서이다.
- 답변서 · 준비서면 · 항소장 · 항고장 등은 정말로 잘 써 내어라~.
- 소송을 할 때는 가장 먼저 '관련법률'과 '대법원판례'를 꼭 조사하라.[필자는 유사사건의 판례와 정확한 송사운(運) 점괘로 변호사 없이 '종로 국일관 대지권소송'을 직접 진두지휘하여 약 1,000억 원 상당의 건물대지소유권을 되찾아 오기도 했었는바, 모든 송사문제는 가장 먼저 '판례조사와 승소운(運)'이 가장 중요합니다.]
- 고소를 할 때 또는 재판을 할 때는 먼저 '승소운?'을 꼭 점(占) 봐라~.
- 1심판결에서 패소를 당하면 반드시 '2심승소운?'을 꼭 점(占) 봐라~.
- 판결 · 결정 · 명령서 등 서류를 받고 불복해 이의가 있을 경우에는 해당 법원 또는 기관에 반드시 '이의신청서' 등을 제출하라.
- 국가정부 행정기관의 잘못 처분이 있을 경우에는 행정심판청구 또는 행정법원이나 지방법원 행정재판부에 '행정소송'을 내어라.
- 민사사건 · 형사사건 · 행정사건은 번지수가 다르니 꼭 '문의'를 잘 하라.
- 살인 · 방화 · 강도 · 강간 · 상해 · 아동성폭행 그리고 계획성과 고의성이 있는 형사범죄는 처벌과 형벌이 강하니 반드시 '조심'을 하라!!
- 모든 소송과 재판을 할 때는 주장을 하는 사람이 확실한 증거와 판례 및 법률조항으로 반드시 입증을 해야 하는 '입증책임'이 따른다.

- 모든 사고와 사건 관련으로 조사 · 수사 · 재판을 받을 경우에 사실과 진실의 '증거'들은 아주 중요하니 계약서 · 차용증 · 영수증 · 입금증 · 핸드폰문자 · 내용증명 · 사진 · 동영상 · 진단서 · 진료기록부 · 대화녹음 · 회의록 · 결의서 · 녹취록 · 공증서 · 합의서 등의 '물적 증서'는 보관을 잘 하고 필요할 때는 '제출'을 꼭 하라~.
- 고소장 작성부터 경찰서 조사관 진술을 할 때 그리고 검사와 판사는 제출된 '증거서류'를 가장 중요시 여긴다.
- 검사와 판사는 확실한 물증의 '증거서류'로만 판단을 한다……..
- 경찰서나 검찰에서 조사받을 때 불리하면 '묵비권'을 잘 행사하라.
- 모든 피의자와 피고인은 증거인멸 또는 도주의사가 없을 경우 구속적부심사와 보석청구를 잘 하라.
- 체포 · 구속의 적부심사와 보석청구는 변호사 · 법정대리인 · 배우자 · 직계친족 · 형제자매 · 동거인 · 고용주 등등이다.
- 경찰서나 검찰에서 피의자 신문조서 진술서를 작성할 경우에는 진술내용을 다시 자세히 꼭 읽어보고, 진술내용이 사실과 다르거나 또는 빠진 내용이 있거나 또는 이의가 있을 경우에는 반드시 '수정 및 보완'을 요구하고 마지막 확인 후 무인을 찍어라~.
- 처음 진술이 잘못되었다고 생각되거나 또는 고문 · 협박 · 회유 · 강요 때문에 잘못 진술을 했을 경우에는 '공개재판'을 받을 때 재판장 앞에서 사실대로 꼭 말을 잘 하여라~.
- 재판장 앞에서의 직접 진술과 변론은 가장 확실한 방법이다.
- 재판은 증거에 의한 진실관계 및 상관관계의 '법률적용'에 의한다.
- 형사재판과 모든 재판을 받을 때는 사실과 진실의 '실체적 증명'이 중요하니

잘 모르는 것은 모른다고 답하고, 기억이 안 나는 것은 기억이 안 난다고 답하고, 애매한 것은 제정신이 아니었다 또는 착오했다 또는 죄가 되는 줄 몰랐다 또는 우발적이었다 등등으로 답변을 잘하고, 자신에게 유리한 것은 메모를 하면서 끝까지 차근차근 사실과 증거들로 '변론'을 잘 해야 한다.

- 재판을 받을 때에 검사와 변호사 그리고 상대방 및 증인이 거짓말 등을 할 경우에는 즉시 '이의신청합니다' 등 의사표현을 반드시 말하라.
- 재판을 받을 때는 진술과 답변을 잘 하고, 증거신청과 증인신청을 잘 하고, 그리고 사무관이 기록을 잘 하도록 유도를 잘 하라.
- 민사소송과 형사고소 등을 할 때는 아주 '신중'을 기하라.
- 모든 소송에서는 패소를 당한 사람이 '소송비용'까지 부담을 해야 한다.
- 기본 법률지식을 모르면 변호사에게까지도 '사기'를 당할 수 있다.
- 변호사들은 어떻게든 사건소송으로 유도를 해서 착수금과 성공사례금 등 오직 '수임료 돈'만 밝히니 변호사들의 말은 그대로 다 믿지 말라.
- 판사도 믿지 말라. 유전무죄와 무전유죄의 잘못된 '오판결'이 많다.
- 오직 믿을 수 있는 것은 '판례'와 자기 자신의 '승소운(運)'뿐이다…….
- 모든 관재수와 소송문제해결은 그 사람의 '승소운(運)'이 최고이다.
- 민사 · 형사 · 행정 · 세금 등 사고 및 사건의 '관재수'가 생기면, 가장 먼저 최고 1류급 운명상담가를 찾아가 '점(占)'을 꼭 봐라~.
- 운명상담가 점(占)쟁이도 1류급 · 2류급 · 3류급 등의 '등급'이 있다.
- 중요한 사람들과 위험한 일을 하는 사람들은 CCTV와 녹음 · 도청 및 감청이 많으니 통화와 문자발송 등에 항상 '주의'를 기울여라.
- 명예훼손죄는 형사와 민사로 함께 처벌을 받으니 함부로 남을 공개적으로 지나친 비방이나 악성 댓글 등은 꼭 '조심'을 하라.

- 사기죄는 처음부터 계획 및 고의성으로 타인을 거짓 기망하여 재물이나 이익을 취하면 성립이 된다.
- 저작권·특허권·상표권 등은 매우 중요하니 '불법사용'을 조심하라.
- 금전의 이해관련 민사소송은 가처분·가압류부터 먼저 꼭 해두어라.
- 소송을 승소하더라도 '사전보전조치'를 안 해두면 또는 패소자나 채무자가 배 째라 해버리면 받아낼 방법이 없다.
- 방어적 방법으로는 이러지도 저러지도 못하게 또는 증명할 수도, 반박할 수도 없게끔 애매하게 또는 난처하게 '대비'를 잘 해 두어라.
- 재판의 심리와 변론이 종결되었을 경우라도 잘못이 있거나 또는 새로운 증거가 있을 경우에는 즉시 '변론재개신청'을 꼭 하라.
- 원심판결이 억울하거든 꼭 '상소'를 하고, 억울함과 부당함에 대한 사실증거와 법리해석 및 판례 등으로 '상소이유서'를 잘 써내어라
- 상소이유서 내용으로는 사실오인·양형부당·법령위반·절차위반·기존의 판례와 다름 등등이니 잘못된 부분을 꼭 찾아내어 이유를 잘 만들어라.
- 진실은 스스로 증명을 하게 되니, 진실한 증거들은 승소로 이끌어준다.
- 모든 법원의 재판장들은 '실체적 진실발견'의 권리와 의무가 있다.
- 모든 재판을 할 때는 단 한 사람이라도 '억울한 판결'이 없어야 한다.
- 판사들이 '양심적 판결'을 한다면 억울한 판결은 없을 것이다…….
- 행위 중에서 ① 정당한 행위 ② 정당방위 ③ 긴급피난 ④ 자구행위 ⑤ 피해자의 승낙 ⑥ 공공의 이익 ⑦ 일시오락성 도박 ⑧ 점유자의 자력구제 ⑨ 폭력 또는 협박에 의한 강요행위의 방어 ⑩ 심신상실상태의 행위 등은 처벌받지 않으니 참고를 하라.
- 항상 현재의 상황에서 누가 '갑'인지 또는 '을'인지 생각을 잘 하라~.

- 이혼을 할 수 있는 방법은 협의이혼 · 조정이혼 · 소송이혼 등이다.
- 이혼의 위자료는 부부관계를 깬 쪽이 줘야 하고 적은 금액이다.
- 이혼의 재산분할은 부부관계를 깨뜨린 쪽도 청구할 수 있다.
- 이혼의 재산분할은 두 사람 결혼생활 중 '재산 형성의 기여도'에 따른다.
- 대한민국은 현재 초혼과 재혼의 혼인신고가 1년에 약 30만 쌍이고, 이혼신고는 약 10만 쌍으로 개인들의 타고난 '결혼운'은 정말로 중요하다!!
- 결혼과 이혼 및 재혼 또는 별거 및 합가 그리고 송사 등의 중요한 인생문제가 발생을 하면 반드시 1류 상담가에게 '운명상담'을 꼭 받으라~.
- 결혼과 이혼 · 재혼 등의 문제는 결혼도 안 해보거나 사주풀이와 손금풀이도 할 줄 모르는 스님 · 신부님 · 목사님에게 결코 상담을 받지 말라~.
- 세상과 인생은 '분야별 전문가'가 가장 잘 아는 것이다……
- 결혼과 재혼을 잘 하면 인생살이 50%는 저절로 '성공'을 하게 된다.
- 돈 없는 사람들은 결혼 및 재혼이 최고의 '재테크'일 수도 있다.
- 애인을 만나고 초혼이든 또는 재혼이든 상대편이 재산이 많이 있으면 '결혼과 혼인신고'를 빨리 그리고 꼭 해두어라~.
- 혼인신고가 되어야 상대편으로부터 보호와 '경제적 도움'을 받는다.
- 결혼과 재혼을 잘 하려면 먼저 타고난 '결혼운과 궁합'을 꼭 점(占) 봐라~.
- 궁합을 점(占) 볼 때는 원진살 · 상충살 · 상형살 · 상파살을 꼭 피하라~.
- 자궁살 · 과부살 · 백호살 · 고독살이 있는 여성과는 결혼을 꼭 피하라~.
- 역마살 · 방탕살 · 파산살 · 고독살이 있는 남성과는 결혼을 꼭 피하라~.
- 신경정신이상의 빙의살 · 종교세뇌의 맹신살 · 현실성과 사리판단력이 부족한 저능살이 있는 사람과는 결혼을 반드시 피하라~.
- 사주팔자 운명 속에 죄업(罪業)이 많은 사람과는 결혼을 꼭 피하라~.

- 타고난 사주와 손금에 살(煞)이 많은 사람과는 결혼을 꼭 피하라~.
- 부모가 이혼을 했거나 과부 · 홀아비 · 큰 질병 · 큰 사고 · 범죄꾼 · 술중독 · 마약중독 · 도박중독 · 가정폭력 · 무능력 · 가난 그리고 수명이 단명한 집안의 자녀와는 결혼을 피하고, 이미 결혼을 해 버렸으면 반드시 '개운법'으로 예방과 치료의 '대비책'을 꼭 세우라~.
- 부모와 자녀간의 '유전자검사'는 99.99%까지 일치를 한다.
- 부모조상의 DNA 유전인자적 '핏줄대물림'은 99%까지 적중을 한다.
- 운명작용에서 핏줄대물림현상은 10가정 중 9가정이 적중을 한다.
- 부모님의 억울한 나쁜 핏줄대물림은 오직 '예방'만이 최선책이다!!
- 전생과 핏줄대물림의 업살(業煞)풀이는 최선의 '개운법'이다…….
- 모든 사람은 선천성유전자와 후천성유전자를 함께 알아야 한다.
- 금생에 당신이 생각하고 보고 듣고 먹고 느끼고 기억하고 이해하고 깨닫고 그리고 행복과 고통 및 불행 등 모든 것들은 또다시 '후천성유전자형성'에 반드시 영향을 미친다.
- 사람의 후천성유전학에서 자신의 업(業)은 자식들에게 '상속'이 된다.
- 특히 정신작용을 가장 많이 일으키는 맹신적인 추종의 과종교 신앙행위는 일종의 '정신질환'으로 자식에게 가장 나쁜 영향을 끼친다…….
- 칠성줄 또는 공줄로 태어난 사람은 사주와 이름을 꼭 팔아주어라~.
- 칠성줄로 태어난 사람은 신불(神 · 佛) 앞에 촛불을 항상 밝혀주어라.
- 칠성줄로 태어난 사람과 자식은 20살까지 '수명'을 꼭 이어주어라.
- 칠성줄로 태어난 사람과 종교인 및 신자들은 '개고기'를 먹지 말라.
- 특별한 자기 조상이나 영혼들은 강아지로 가장 많이 '환생'을 한다.
- 특히 칠성줄 또는 공줄로 태어난 사람 또는 그러한 말을 들은 사람은 자기

자신의 전생 업(業)내림으로 태어난 특별한 영혼들로서 종교성·영성·불성·영매성·허약성·수명단명 등을 의미하고, 그 집안에 칠성공이나 기도를 많이 한 조상이 꼭 존재한다.

- 특별하게 사람(주인·가족)을 잘 따르는 애완견 강아지는 전생이 사람이었고, 또한 자기 조상 및 가족이었기 때문에 그 애완견이 죽을 때는 다시 사람으로 태어나게 해주는 '인도환생천도재'를 꼭 해주어라~.
- 애완견이 죽은 후 '인도환생천도재'를 해주면 다시 만날 수 있다…….
- 인생이란 영혼들이 전생·현생·래생을 살아가는 '과정'일 뿐이다.
- 모든 것은 모든 것의 원인이 되고 그리고 결과가 꼭 따르게 된다.
- 모든 사람들의 선천성장애와 불치병 및 난치병 그리고 핏줄내림병 및 집안 수명 짧음과 가난대물림까지도 그 진실은 '업(業)작용' 때문이다.
- 인간의 '원죄'는 본래가 자기 전생과 자기 부모의 '업(業)죄'이다.
- 현생의 업(業)은 이후의 삶과 다음 생으로 또다시 반드시 작용을 한다!!
- 인간들의 법규에 낙태죄를 없앤다고 '살인죄업'이 없어지지 않는다.
- 낙태수술로 자궁속의 태아들을 죽인 '태아살인자'들은 대부분 그 애기영혼들의 원망스런 저주와 벌을 받는다.
- 영혼이 깃들고 심장이 뛰고 있는 태아는 '인간생명체'들이다.
- 낙태수술 경험이 있는 여성으로서 남편복이 없거나 또는 자궁질환의 큰 병이 생기거나 또는 애기꿈을 자주 꾼 여성들은 '자궁살풀이'와 낙태살인 아기영혼의 '해원천도재'를 꼭 한 번 해주어라~.
- 낙태수술을 많이 행한 산부인과 의사들은 '인생 종말'이 반드시 나빠진다.
- 낙태살인을 많이 행한 산부인과 의사들과 낙태살인을 곁에서 도와준 간호사들은 아기영혼들 '해원천도재'를 꼭 한 번 해주어라~.

- 사람을 죽인 살인자들은 '인과응보'로 인생살이가 반드시 나빠진다.
- 지난 과거와 전생에 지은 죄업은 반드시 '면죄'를 받아야 한다…….
- 자기 소유등기의 부동산 및 재산이 있는 사람들은 '법'을 잘 지켜라.
- 재산이 있는 사람이 법을 어겼을 경우 '재산압류' 등을 당할 수 있다.
- 삶을 여유롭게 잘 살려면 평생 동안 경제활동과 신용관리를 잘 하라.
- 경제활동과 신용관리를 잘 하려면 '돈 관리'를 잘 해야 한다.
- 살아가면서 고수익보장이라는 '모든 광고'에는 절대로 속지 말라.
- 상식 이상의 고수익보장이라는 모든 광고는 모두 '사기꾼'들이다.
- 이 세상에 정당한 대가 없는 공짜 고수익이란 아무것도 없다.
- 어떠한 경우에도 돈놀이를 하는 개인사채와 대부업체의 '고금리 이자' 돈은 절대로 빌려 쓰지 말라.
- 돈 재정수입이 적거나 없는 사람이 연 10% 이상 이자를 물어줄 경우에는 대부분 빚이 점차로 더 늘어나고 결국에는 망하게 된다.
- 특히 금전의 빚은 원금과 이자 그리고 이자의 이자까지 복리식으로 계속 불어나고 '빚은 죽을 때까지'따라 다닌다.
- 명심하라! 빚과 이자는 당신이 잠을 잘 때도 계속 불어난다.
- 어떠한 경우에도 젊은 사람들은 범법자 · 전과자가 되지 말라.
- 한 번 잘못으로 전과자가 되면 평생 동안 사회활동을 제한받는다.
- 삶이 억울하거든 지금부터라도 제대로 '다시 시작'을 해보라.
- 지금부터라도 또한 늦게라도 시작할 때가 가장 빠른 법이다.
- 지금은 힘들지라도 꿈과 희망을 가지고 살면 언젠가 꿈은 현실이 된다.
- 거북이와 달팽이가 꿈과 희망을 가지면 천리길을 갈 수 있다.
- 어떻게든 성공출세하고 부자가 되어 '대접받는'사람이 꼭 되어라~.

- 삶이 고통스럽고 불행한 사람들은 정성스럽게 '기도'를 많이 하라~.
- 진심과 정성의 간절한 기도는 존재계의 신(神)들께 전달이 된다.
- 기도의 본질은 우주하늘자연 속의 위대한 능력을 현실세계로 끄집어 내려는 강한 시도이다.
- 모든 종교와 기도의 목적은 복(福)을 달라는 '기복과 구복'이고, 구제와 구원의 '축복(祝福)'을 받으려함이다.
- 종교(宗教)를 뜻글자로 해석을 하면 으뜸가는 종(宗), 가르칠 교(敎)로서 '으뜸가는 가르침'이고, 그 뜻은 삶과 죽음을 해결하는 것이다.
- 기독교는 히브리문화(유대문화)에 뿌리를 두고, 4,000년 전쯤에 메소포타미아지역 수메르문명권의 갈대아우르에 살던 아브라함이 그 아버지 데라와 함께 시작되었고, 이삭의 아들 야곱이 열두 명의 아들을 낳아 열두 부족의 조상이 되어 12지파의 역사가 시작되었으며, 아브라함부족은 야훼신(God)을 받들면서 유일신 신앙이 시작되고, 예수그리스도를 구세주로 믿고 죽어서 천국가는 것을 이상향으로 한다.
- 불교는 고대인도지역에서 위대한 성자 고타마붓다 석가모니가 2,500년 전쯤에 창시한 종교이고, 우주자연의 섭리와 도(道)를 깨달아 이 세상의 모든 번뇌와 고통으로부터 벗어나 해탈자유의 부처가 됨을 종지로 하며, 죽어서는 극락세계로 가는 것을 이상향으로 한다.
- 종교인들과 신자 및 성도들은 자신이 믿고 있는 그 종교가 과연 최선 및 최고의 종교(으뜸가는 가르침)인가? 꼭 한 번 스스로에게 물어보아라~.
- 부모 또는 배우자 또는 누구로부터 시작되어 현재 믿고 있는 그 종교가 잘 사는 삶과 죽음의 '진실과 깨우침'을 잘 가르쳐 주고 있는가?를 냉철하게 합리적인 생각을 꼭 해보라~.

- 세상에는 거짓으로 '희망고문'만을 주는 나쁜 종교들이 너무나 많다.
- 특히, 말세론 및 종말론과 병겁 등으로 선량한 사람들을 겁주거나 또는 천국론 및 휴거론과 구원론 및 미륵세상 등으로 사람들을 유혹하는 종교들은 모두가 진실 및 진리의 본질을 왜곡한 잘못들이다.
- 우주하늘자연의 섭리 및 순리와 도리가 '진리이고 진실'이다.
- 종교와 정치는 사회 혼란을 야기한 '선동적 세뇌주입'이 너무나 많다.
- 오늘날의 사람들은 과거의 철학과 종교들에 몽땅 '세뇌'가 되어 있다.
- 모두가 과거의 부처님과 예수님의 말씀을 '앵무새'처럼 사용만 하고 있고, 맹신적인 추종으로 영혼 없는 '노예'가 되어 가고 있다.
- 세뇌의 산물로부터 정신 차리는 것이 알아차림이고 깨우침이다.
- 이빨이 아플 때 아픈 이빨을 뽑아버리면 즉시 치통은 해결이 된다.
- 질병을 못 고치는 그 병원에 계속 다니는 것은 어리석은 것처럼, 기도응답이 없는 그 종교를 계속 믿는 것은 가장 어리석은 짓이다.
- 환자를 못 고치는 의사는 필요없는 것처럼, 인생문제들을 해결해 주지 못하는 앵무새처럼의 '종교인들'은 정말로 필요없다.
- 모든 파당을 만든 정치인과 종교인들은 그냥 '출세주의자'일 뿐이다.
- 종교인이 파당 및 사이비종교를 만드는 것은 오직 '돈욕심'뿐이다.
- 과거에도 현재에도 종교들은 오직 서민들 돈을 '갈취'해 오고 있다.
- 갖가지 명목의 헌금 및 시주금을 강조하는 종교들은 즉시 바꾸라~.
- 종교들의 부동산 건물들은 부자가 되고 성직자들은 사치를 하는데, 따르는 신도들은 점점 가난해지는 것에 분노하고 혁명을 하라~.
- 1년 이상을 믿었는데도 기도응답이 없는 신앙은 반드시 즉시 바꾸라~.
- 1년 이상을 추종하는데도 나아지지 않으면 미련없이 즉시 떠나라~.

- 삶이 나아지지 않는다면 '삶의 방법'을 과감히 바꾸어야 한다…….
- 자기 영혼에게 맞는 종교와 기도는 즉시 '좋은 응답'이 주어진다.
- 이승에서의 삶을 잘 살아야 그 결과로 저승에서도 잘 살게 된다.
- 삶의 문제가 해결되면, 편안한 마음으로 '깨달음'을 향해 나아가라~.
- 우주하늘자연 속의 위대한 능력은 섭리 · 순리 · 진리의 '도(道)'이다.
- 큰 기도는 우주하늘자연의 진리 깨달음 '도통'을 이루는 것이다.
- 작은 기도는 각 개인들이 소망하는 것들을 간구하는 것이다.
- 지극정성으로 기도를 하는 사람은 '한 가지 소원'은 꼭 이루게 된다.
- 특히, 고통과 불행이 많은 사람들은 신(神)들께 '속죄'를 많이 하라~.
- 전생과 조상의 죄업(罪業)이 먼저 풀려야 운(運)이 열리고 소원을 이룬다.
- 신(神)들은 때로는 빛으로, 때로는 음성으로 '의사전달'을 한다!!
- 우주하늘자연의 신(神)들은 종교에 따라서 약 1,000가지의 신명(神名) 이름이 있고, 둔갑술로 모습을 바꾸며, 모두가 '역할분담'을 따로 맡고 있다.
- 모든 신(神)들은 '고유의 파장'을 가지고 있으니, 기도를 할 때는 반드시 주파수 사이클을 잘 맞추어라~.
- 내 영혼이 믿는 신(神)과 반드시 주파수 사이클이 맞아야 비로소 '기도의 응답'이 주어진다.
- 라디오와 TV를 켤 때 주파수가 맞아야 소리가 들리고, 화면이 보이는 것처럼 모든 기도는 반드시 '주파수'가 맞아야 한다.
- 신(神)들은 믿는 종교에 따라서 '둔갑술'로 다르게 모습을 나타내니, 기독교를 믿는 사람에게는 예수님이 나타날 수 있고, 불교를 믿는 사람에게는 부처님 또는 보살님이 나타날 수 있다.
- 신(神)들이 생시 때나 또는 꿈속에서 모습을 보여줄 때는 실체인지? 또는

마음작용의 허상인지? 또는 맹신적인 과종교증으로 헛것을 본 것인지? 등의 '구별'을 잘하라~.

- 어느 종교를 계속 믿으면서 예수님이나 또는 부처님이나 또는 보살님이나 등 신(神)의 모습을 한 번도 접하지 못한 사람은 '안 맞는 종교'를 계속 믿고 있는 인생 최대의 어리석은 짓을 하고 있는 중이다.
- 기도응답이 없는 사람들은 '종교 적합성'을 꼭 한 번 진단받으라~.
- 종교 적합성도 모르고, 주파수도 못 맞추면, 인생 '헛고생'만 계속된다……
- 모든 종교인과 신자들은 기도로 시작해서 반드시 명상으로 끝내라~.
- 명상기도는 자기성찰과 통찰력을 기르는 고급 '정신수련'이다.
- 일반적 종교기도와 천기신통초월기도명상은 '영적수준'이 다르다.
- 영적수준은 아기단계 → 청년단계 → 어른단계로 진행이 된다.
- 명상은 일반묵상 → 신통술명상 → 초월명상으로 진행을 하라~.
- 천기신통술초월명상은 우주합일체로 사람이 '신(神)적 존재'가 되는 것이다.
- 인격적 및 정신적으로 '위대한 사람'이 되어서 존경과 숭배를 받으라~.
- 종교적 숭배와 찬양을 드리기보다는 '천기신통초월명상'으로 스스로 '위대한 사람'이 되고, 숭배와 찬양을 받는 존재가 되어라~.
- 천기신통초월명상으로 신통력과 도술을 부리는 초능력의 신인(神人) 겸 도인(道人)이 되고, 깨달음을 이룬 위대한 예언자와 인도자 등의 '존자(尊者)'들은 사람모습을 하고 있는 살아있는 신(神)격이다.
- 죽을 때의 두려움과 죽은 후의 지옥행으로부터 영혼 구원을 받으려면 지금 살아있을 때 반드시 '예언자'와 '인도자'를 꼭 만나고 가르침을 잘 따르라.
- 진정한 구제와 구원을 받으려면 몸뚱이의 속죄와 영혼의 속죄가 함께 이루어져야 하고, 핏줄적 천륜인 조상과 후손 및 자기 자신 그리고 전생의 속죄

와 현생의 속죄가 함께 이루어져야 한다.

- 몸뚱이의 속죄는 '살풀이'로 정화를 꼭 받아야 하고, 영혼의 속죄는 '업풀이'로 정화를 꼭 받아야 죄사함의 '면죄'가 이루어진다…….

- 세상에서 '진리와 진실'을 가르쳐 주는 것이 가장 큰 공덕이다.

- 혼(魂)은 영혼이 되고 혼령이 되는 인간의 본체이고, 영혼이든 혼령이든 살아있을 때나 죽어서나 영원히 '신(神)의 영향'을 받는다.

- 자기 눈높이의 자기 잣대와 편견 및 고정관념 등의 '자기 생각'을 멈추면 진실과 진리가 보이고, 말씀의 가르침들을 잘 들을 수 있게 된다.

- 필자는 한때 기독교와 성경책을 연구하면서 창세기편에서 인류의 조상을 아담과 하와로 표현을 하고, 인류 창조를 7천 년 전쯤이라고 잘못 기록 및 해석을 하는 부분에 대해서는 동의를 못한다.

- 과학계에서는 현생인류 호모사피엔스 출현을 20만 년 전으로 그리고 원시인 출현을 40만 년 전이라고 주장을 한다.

- 필자는 과학계의 주장을 더 신뢰하고 있고, 신(神·God)과 직접 신통으로 말씀을 들을 때 성서가 '잘못 기록'이라고 답을 들었다.

- 필자는 직접 신(神·God)과 신통으로 말씀을 들을 때 "자기 부모님께 지극히 효도하라."고 하셨다.

- 성경책은 핍박받은 유대민족 그들만의 '신화 겸 원한의 역사서'일 뿐이다.

- 구약성서는 실제로 '유대민족'의 역사서이고, "신약은 믿지 말라." 하셨다.

- 유대민족 및 유대교는 신약성서를 인정하지 않고 믿지도 않는다.

- 모든 사람들은 '자기 조국과 자기 민족의 역사서'를 읽고, 자기 자신의 조상과 뿌리를 알아야 하며 전통문화들은 길이길이 계승을 잘 하라~.

- 자기 조국 및 민족의 역사와 뿌리를 공부하지 않고, 자기 조상을 부정하고

모른 체하는 사람은 반드시 망하게 된다.

• 부모님께 불효하는 사람은 자식에게 그대로 당한다…….

• 더 충격적인 것은, 필자가 직접 신(神 · God)과 신통으로 말씀을 들을 때 "무덤에서 부활과 천국행이란 말씀을 하신 적이 없다."고 하셨다.

• 지금까지 2천년 동안 단 1명도 부활의 기적은 일어나지 않았다.

• 필자는 전라남도 고흥 천등산에서 '말씀과 계시'로 많은 비밀을 알아내었다.

• 창세기 인류의 태초 때부터 모든 신(神 · God)들께 제물을 받치는 '제사의 식'은 인간의 '기본 도리'이고 신(神 · God)과의 '근본 도리'이다.

• 특히 서양종교 기독교에는 구약성서 '레위기'에서처럼 다섯(5) 가지의 제사가 있었는바 ① 번제 – 동물을 불에 태우는 제사 ② 소제 – 곡물가루를 불에 태우는 제사 ③ 속죄제 – 죄를 지은 사람은 동물을 대신 죽여 피를 뿌리는 제사 ④ 속건제 – 죄를 지은 사람은 제물로 숫양을 바치는 제사 ⑤ 화목제 – 신(神)의 은혜에 감사를 드리는 제사 등과 추모제가 있고, 불교에도 천도재와 수륙재 등이 있으며, 모든 나라와 민족마다 '하늘제사와 조상제사'는 다 있다.

• 하늘천륜인 "조상님제사와 제사 때 음식을 차리지 말라" 또는 "제사 때 절을 하지 말라" 등을 가르치는 목회자들의 '나쁜 가르침'은 더 이상 따르지 말라~.

• 그 나라의 좋은 전통문화를 해치는 '외래종교'들은 참으로 나쁘다.

• 필자는 신(神 · God)과 직접 신통을 한 이후로는 이미 '변질'이 되어 버린 오늘날의 성경책은 결코 읽지도 않고 믿지도 않는다.

• 두루마기 기록서는 본래 100권 이상이었는데 성경책은 66권만 공개를 하고 있고, 수십 차례의 번역과 편집으로 이미 '변질'이 되어 버렸으나, 성경

책 내용 중에서 신(神 · God)에 대한 믿음은 아브라함처럼 그리고 순종은 사무엘처럼 그렇게 하라~.

- 불교에서도 수행은 달마대사처럼 10년 이상은 도(道)를 닦으라~.
- 종교들에서는 믿음과 수행의 '태도'만 배울 뿐, 더 이상은 없다!!
- 종교들과 위대한 분들에게서는 그 '정신'만 배울 뿐, 더 이상은 없다!!
- 종교적 예배와 찬양시간에 잘 사는 '경제공부와 직업일'을 잘 하라~.
- 엉터리 종교들의 교리공부시간에 차라리 '재테크공부'를 하라~.
- 엉터리 종교를 믿느니 차라리 자연신(神)을 믿거나 명상을 하라~.
- 해 · 달 · 북두칠성 별 · 산 · 바다 등의 '기운과 섭리'는 그 자체로 신(神)이고, 모든 학문적 지식과 종교들의 시원이고 원조이다······.
- 종교 및 종파와 정치성을 '초월'해야 진정으로 깨달은 자유인이다!!
- 조상과 자손은 혼(魂)으로 연결이 되어 '핏줄동기감응작용'을 계속한다.
- 조상과 자손은 죽은 후 최소 100년 동안은 동기감응으로 '상호작용'을 하기 때문에 반드시 제사음식과 차례상은 잘 차려야 한다.
- 잘 사는 재벌부잣집들은 '조상제사상'을 풍성하게 잘 차리고 있다.
- 조상묘소와 제사 등 '조상'을 잘 모시기 때문에 잘 사는 것이다······.
- 사람이 음식으로 '기운'을 차리듯 영혼들도 '기식(氣食)'을 한다.
- 영혼과 조상이 음식으로 기식(氣食)을 잘 해야 '기운'을 발휘한다.
- 조상제사와 차례상을 차리지 않는 집안은 점점 가세가 기울어간다.
- 시대가 바뀌어도 조상님제사는 조부조모 '3대 봉사'는 기본이다.
- 조상묘소에 음식을 올릴 때는 산신(山神)께도 함께 올려라.
- 조상님께는 청주 또는 소주를 올리고, 신(神)들께는 막걸리를 올려라.
- 산신(山神)과 터신은 그곳의 주인신(神)이 분명하고, 이것이 진실이다.

- 인생살이는 기본에 충실해야 하고, 운(運)작용법칙을 알아야 한다.
- 운명작용법칙에는 인과응보인 자기의 '전생업(前生業)'이 가장 강하다.
- 사람들의 운명 속에 들어있는 업의 나쁜 살(煞)은 약 100가지이다.
- 사람들의 타고난 사주운명속에 들어있는 성질 및 성격과 습성 및 습관 그리고 업살 등은 수많은 '전생(前生)'동안에 형성된 것들이다.
- 운명의 나쁜 업살(業煞)작용 때문에 운(運)이 안 풀리는 사람은 반드시 '운명치료'를 해야 하고, 나쁜 운명을 치료할 때는 살풀이·전생업장소멸·조상 및 낙태아기 해원천도·나쁜핏줄대물림소멸·신(神)끼소멸·칠성줄풀이·삼재풀이·9수풀이·신수풀이·대수대명·수명이음·재수운맞이·새로운 운명프로그램 재설정 등등을 '한꺼번'에 해결을 잘 하라~.
- 모든 문제들은 정확히 한꺼번에 해결을 하는 것이 가장 '효율적'이다.
- 전생과 부모님의 나쁜 업살(業煞)로 타고난 사주팔자의 '나쁜 운명'은 결코 본인 스스로는 자가치료가 안 된다.
- 암진단과 암치료는 상급 종합병원에서만 가능한 것처럼, 운명진단과 운명치료는 '1류급 운명상담사'만 가능하고, 암치료는 환자 본인이 못하는 것처럼, 나쁜 운명은 본인이 결코 바꾸어낼 수는 없다.
- 적은 비용을 들여서 '나쁜 운명'을 바꿀 수만 있다면 꼭 바꾸어라~.
- 사람으로 한 번 태어난 현생의 '자기인생'은 가장 소중한 것이다…….
- 인생살이에는 근본의 도리가 있고 자식된 도리는 중요하다.
- 태어난 성씨를 바꾸거나 족보를 모르는 사람은 가장 큰 '불효'이다.
- 핏줄인 조상과 부모님께 불효한 사람은 90%가 점점 운(運)이 나빠진다.
- 자기 자신의 타고난 '성씨'를 바꾼 사람은 대부분 운명도 바뀌게 된다.
- 이 세상에서 '핏줄 족보'에 가장 신경 쓰는 민족은 배달민족이다.

- 성씨족보 '대동보'가 없는 집안은 큰 인물이 없는 평민집안 후손이다.
- 옛날부터 왕(王)족이나 귀족들은 '족보와 이름'을 잘 남겼고, 죽어서까지 명당에 묘를 잘 쓰고, 종묘사당에 위패가 잘 모셔지고 100년, 1,000년까지 제사를 잘 받고 그 자손들까지 잘 되었는바, 지금시대인들도 반드시 어느 분야에서 전문가가 되고 1등이 되어 성공출세로 부자가 되고 명예자가 되어서 '이름 석자'는 꼭 남겨라~.
- 죽을 때 저승사자와 심판대에서는 이름 석자로 '상과 벌'을 내리니, 지금 살아있을 때에 본인 이름으로 기부금을 많이 내어 '선행공덕'을 많이 쌓아두어라~.
- 특히, 신(神)을 모시는 신전·신당·문중제각 등을 건립하는 곳에 '기부금과 이름 석자'를 꼭 올려라~.
- 평생 동안 아끼는 물건들 중에서 성물(聖物)·신물(神物)·민속물·옛날 고서책·민화그림·탱화·소장품 등을 '본인 이름'으로 국사당신전(神殿)의 박물관에 전시가 되도록 하여 영원토록 신(神)들로부터 축복을 받으라(증여 및 기부 문의는 010-5105-5000 국사당 박물관 대표).
- 사람은 죽기 전에 '선행공덕과 이름'을 잘 남겨야 한다……
- 한국에는 현재 약 5,500개의 성씨와 문중이 있고, 숫자는 김씨·이씨·박씨·최씨·정씨 순서이다.
- 한국의 성씨제도는 삼국시대 때는 귀족에게만 사용되었고, 조선후기 때부터 평민에게도 성씨가 사용되었으며, 1909년에 새호적제도 '민적법'시행으로 모두 성씨와 이름을 가지게 되었다.
- 핏줄족보에서 돌림자인 항렬은 '오행상생'을 꼭 따르고, 수생목·목생화·화생토·토생금·금생수 등으로 연결해서 이름을 잘 지어라.

- 후천운을 좋게 하고자 할 경우에 '이름 작용'은 정말로 중요하다.
- 이름을 지을 때는 부모와 아이 사주를 함께 보고 작명을 잘 하라.
- 이름을 지을 때는 글자표현과 부르기 좋은 이름을 작명하라.
- 이름을 지을 때는 의미와 이미지가 좋은 글자로 작명을 잘 하라.
- 자녀의 이름을 지을 때는 부모 이름자가 안 들어가야 하고, 획수 숫자가 좋아야 하며, 형제자매의 사촌들과 동명이 안 되게 지어야 한다.
- 이름을 지을 때는 반드시 운(運)을 좋게 작명을 하라.
- 이름을 지을 때는 반드시 복(福)이 따르게 작명을 하라.
- 모든 이름은 처음 지을 때 잘 지어야 하고, 나쁘다고 생각이 들거나 운이 안 풀리고 복이 안 따르거든 반드시 '개명'을 하라~.
- 모든 이름과 상호의 작명 · 개명은 반드시 '전문가'에게 맡겨라.
- 밤하늘의 별만큼 많은 이름들 중 북극성 같은 좋은 이름을 지어라.
- 모든 성명과 상호의 이름들은 고유의 기운과 이미지를 전달한다.
- 상호작명은 무슨무슨 최고 전문가라는 '이미지'가 떠오르게 하라.
- 손님과 고객은 상호이름을 보고 · 듣고 그리고 연락을 해 온다.
- 잘 지은 상호이름은 고객을 창조하고 연결시키는 '출발점'이다.
- 유명인이 아니거든 간판과 상호에 사업주 이름을 넣지 말라~.
- 상호이름은 회사와 상품이 잘 연상되도록 '특징적'으로 잘 지어라.
- 브랜드 상표는 로고 · 색상 · 글자꼴 · 언어 · 이미지가 중요하다.
- 로고는 시각적 시선과 기억이 잘 되도록 '특징적'으로 만들어라.
- 상표와 로고는 등록을 해서 독점사용과 관리를 잘 해나아가라.
- 회사와 가게의 상표 및 로고는 사업과 영업의 중요한 '자산'이다.
- 사업과 영업을 잘 하려면 웹사이트 이름을 잘 지어라.

- 웹사이트 이름은 하는 업무 또는 상품과 연상 및 연결이 잘 되고, 짧고 철자표현이 정확하고 쉽고 정체성 있게 잘 지어라.
- 웹사이트 도메인은 대중이 선호하는 것으로 하고 '등록'을 잘 하라.
- 도메인등록 및 사용은 유효기간 날짜를 넘기지 말고, 사전에 갱신 또는 자동갱신을 신청해서 계속 사용을 잘 하라.
- 사업 및 영업과 직업은 멀리보고 철저히 계획과 준비를 잘 하라.
- 성공을 하려면 ① 목표 ② 계획 ③ 준비 ④ 실천방법을 꼭 따르라~.
- 젊은이여! 앞날의 커다란 꿈과 야망 및 신념을 가슴속에 불태우라.
- 늙은이여! 아직도의 희망과 정열 및 사랑을 가슴속에 불태우라.
- 꿈과 희망 그리고 정열과 사랑은 위대한 창조이고 행복이다.
- 이 세상의 생명 창조는 오직 살아있는 남 · 여의 '사랑행위' 때문이다.
- 생명 창조 남 · 여의 사랑행위는 인간최고의 권리이고 의무이다.
- 사랑행위는 살아있음의 존재감 표현과 즐거움의 최고수단이다.
- 사랑행위를 할 때는 두려움이나 저항감이 없이 상대에게 온전히 몸을 내맡겨 주어라.
- 사랑행위를 할 때는 호흡과 리듬을 계속 잘 맞추어라.
- 사랑행위를 할 때는 몰입을 하고 온몸으로 전율을 만끽하라.
- 온전히 한 몸이 되어 전율의 최고점에서 '무아지경'까지 이르러야 그것이 꿈같은 사랑이고 영혼끼리의 만남이 된다.
- 죽을 때까지 또는 죽어서도 잊지 못할 '사랑의 추억'을 만들어라.
- 사랑하기 위하여 행복하기 위하여 지금 살아있는 것이다.
- 사랑도 세월을 따라서 젊은 남녀는 '연정'으로 사랑을 하고, 중년의 남녀는 '애정'으로 사랑을 하고, 노년의 남녀는 '인정'으로 사랑을 하라.

- 부부 사이에는 서로에 대한 이해 및 배려와 사랑을 많이 해주어라.
- 늙어갈수록 부부 사이는 친구 같은 사람이 되어 주어라.
- 사랑과 행복 · 자아실현을 위해서는 반드시 '건강'을 잘 유지하라.
- 건강을 잘 유지하는 것이 성공과 행복조건의 제1순위이다.
- 평생 동안 일만 해온 사람은 은퇴 후 꼭 '긴 여행'을 떠나라~.
- 여행은 자유와 휴식을 주고 자기성찰과 깨우침을 많이 안겨준다.
- 특히 질병치유와 기도여행은 바위산이나 바닷가로 조용히 떠나라.
- 홀로 산길과 바닷길로의 '트레킹'은 정신 건강까지 챙겨준다.
- 혹시나 헛수고로 종교순례길 여행은 결코 떠나지 말라.
- 종교 추종의 순례는 다니지 말고, 너 자신이 위대한 사람이 되어라~.
- 무엇에든 추종자는 주체의식과 영혼이 없어지는 노예가 된다…….
- 사람의 몸과 마음 그리고 영혼은 서로 '상호작용'을 일으킨다.
- 인생에서 가장 중요한 것은 자기의식의 각성과 건강함이다.
- 건강관리조차 못해 내는 사람은 결코 성공과 행복을 누릴 수 없다.
- 몸매와 체중관리를 못하는 사람은 의지가 약한 게으름뱅이이다.
- 자기 몸을 잘못 관리하여 질병에 걸리면 삶의 질이 떨어진다.
- 건강을 잃은 사람은 행복과 모든 것을 함께 잃게 된다.
- 사람과 만물은 음양의 조화와 생기(生氣)로 생명이 유지된다.
- 사람도 자연에 속하니 자연의 섭리와 순리에 따라 행동을 하라~.
- 해가 뜬 후와 해가 지기 전의 '1일 2식법'으로 꼭 식사를 잘 하라.
- 1일 2식으로 '완전소화'를 하면 쉬 늙지 않고 병들지도 않는다.
- 삶을 100세 이상 잘 살려면 '아침 밥 먹기'를 꼭 실천하라~.
- 식사는 규칙적으로 · 골고루 · 적당히 '식사3대원칙'을 잘 지켜라.

- 사람에게는 무엇을 어떻게 먹는가가 평생건강을 좌우한다.
- 음식물의 품질과 잘 먹는 방법이 '평생건강'을 잘 유지한다.
- 과음 · 과식 · 폭음 · 폭식 · 편식 · 불규칙 식사는 나쁜 식사법이다.
- 나쁜 식습관과 나쁜 생활습관을 '개선'하면 점점 잘 살게 된다.
- 나쁜 식생활습관의 개선은 모든 질병의 치유이고 또한 예방이다.
- 양약이든 한약이든 모든 약은 독이고, 독은 해독을 해야 하며 약을 많이 먹는 사람은 '간기능'이 나빠진다.
- 약물치료는 해당 부위는 낫게 하지만 다른 부위를 손상시킨다.
- 사람의 몸은 스스로 항상성을 유지하려는 '자율기능'이 있다.
- 건강상태가 나빠진다고 생각되면 즉시 '식생활습관'부터 개선을 하라~.
- 신선한 식재료에는 스스로 살아있는 '생명에너지'가 많이 들어 있다.
- 살아있는 생기(生氣) 생명에너지가 풍부한 신선한 야채 및 해초와 과일 그리고 신선한 생육고기와 생선회 등을 생(生)으로 꼭꼭 오랫동안 씹어서 잘 먹으라.
- 신선한 식품을 생(生)으로 먹으면서 '생명에너지'를 많이 섭취하라.
- 아무리 좋은 음식물이라도 필요 이상 섭취하면 독이 될 뿐이다.
- 한 번에 1인분 약 200g 이상 육류는 절대로 먹지 말라~.
- 성공과 출세로 부자가 된 사람들은 '쾌락시스템'이 작동된다.
- 맛있는 음식과 술 등을 스스로 '절제'하는 사람은 강한 사람이다.
- 육고기와 생선을 먹을 때는 반드시 야채와 해초를 함께 먹으라~.
- 육고기를 먹을 때는 마늘 · 양파 · 대파 등과 상추야채를 함께 곁들여 먹고, 생선을 먹을 때는 생강 · 고추냉이 · 깻잎 등과 해초류를 함께 곁들여 먹으라.

- 특히 정신수행자들과 병약자는 음식을 잘 가려서 먹으라.
- 일반인들은 양체질과 음체질에 따라서 음식을 잘 먹으라.
- 소고기·찹쌀·수수 등은 음체질에는 좋지만 양체질에는 해롭고, 돼지고기·보리쌀·녹두 등은 양체질에는 좋지만 음체질에는 해롭고, 인삼과 홍삼은 음체질에는 좋지만 양체질에는 해롭고, 특히 닭고기는 근육을 튼튼하게 하고, 염소고기와 양고기는 폐기능을 좋게 한다.
- 한국사람 최선의 식단은 곡류 33%와 과일·야채·해초류 33%와 고기류 33%의 '333 균형 비율'로 골고루 잘 씹어 먹으라.
- 가장 좋은 식사법은 골고루 균형있게 또한 오랫동안 꼭꼭 잘 씹어 먹고, 조금 부족한 듯 먹어야 '완전 소화흡수'로 건강에 좋다.
- 가장 나쁜 식사법은 편식과 과식 및 패스트푸드식 그리고 성급하게 먹는 식사와 불규칙 식사 및 밤늦게 야식 등으로 건강에 나쁘다.
- 음식을 먹을 때는 침분비가 많도록 오랫동안 꼭꼭 잘 씹어 먹으라.
- 말린 나물과 말린 건어물 및 육포 등은 산화식품이니 꼭꼭 씹어서 침분비가 많게 하고 중화를 시켜서 잘 삼켜야 건강에 좋다.
- 자연해초류 톳·김·미역·다시마·파래·곰피 등은 좋은 식품이다.
- 생선은 흰 살 생선과 붉은 살 생선으로 구분하고, 붉은 살 생선은 공기와 접촉하면 산화가 빠르니 생선은 신선할 때 먹으라.
- 모든 과일 및 열매와 근채소류는 '색깔을 골고루' 생(生)으로 먹으라.
- 흰쌀 백미보다는 '현미잡곡쌀'이 영양소가 더욱 풍부하다.
- 좋은 식사는 현미잡곡밥·김치·야채·버섯·해초류·고기 한 토막 등 골고루 꼭꼭 씹어서 먹고, 식후에는 과일 한 조각을 꼭 먹으라.
- 식사를 할 때와 식후에는 국물 또는 물을 절대로 많이 먹지 말라~.

- 밥은 골고루 백미 · 흑미 · 현미 · 찰미 · 납작보리 · 대두콩 · 강남콩 · 팥 · 녹두 · 귀리 · 조 · 수수 · 기장 · 율무 · 잣 · 은행 · 밤 · 대추 · 무우 · 곤드레 · 다시마 · 톳 · 곰피 · 기타 등등 무엇을 섞든 반드시 5가지로 밥을 지은 '5색5곡밥'이 최고로 이상적이다.
- 건강유지와 함께 좋은 피부를 가꾸려면 과음 · 과로 · 스트레스 · 우울 · 불면 · 변비 · 숙변 등을 없애라.
- 좋은 피부를 만들려면 생선과 동물의 껍질 등 '콜라겐'을 먹으라~.
- 콜라겐은 피부 · 뼈관절 · 잇몸 · 눈 수정체 등에 도움을 준다.
- 사람의 피부는 20세 이후부터 1년에 1%씩 '노화'가 진행된다.
- 좋은 피부를 가꾸려면 잠을 잘 자고 과일과 생수를 꼭 마셔라.
- 평생건강을 위해서는 조금씩 적당하게 '생수(生水)'를 잘 마셔라~.
- 평생 건강을 위해서는 아침기상 후와 저녁 잠들기 전에 생수 3모금씩을 계속해서 '평생 동안'을 꼭 마셔라.
- 올바른 생수먹는 방법은 잠을 깰 때 3모금, 잠들기 전 3모금, 매끼니 또는 식사 기준의 중간공복에 3모금 그리고 식사 후는 1모금 등 하루에 5~6회는 반드시 생수를 마셔라.
- 운동 및 일을 할 때도 가끔 조금씩 '생수'를 꼭 마셔라.
- 몸속에 물이 많거나 한꺼번에 물을 많이 마시면 몸이 습과 냉으로 질병이 생길 수 있으니, 물을 너무 많이 먹지는 말라.
- 사람은 3일(72시간) 동안 물을 못 마시면 죽을 수 있다.
- 어떠한 위험에 처할지라도 물은 꼭 챙기고 잘 마셔라.
- 붕괴 등 매몰이 될 경우에는 자신의 오줌물이라도 우선 마셔라.
- 화재 등 유독가스발생시는 '젖은 수건'으로 입 · 코를 꼭 가려라.

- 바다나 산속에서 조난당할 경우에도 꼭 물을 찾아 마셔라.

- 사람은 물을 마셔야 살 수 있고, 생수(生水)는 최고의 '생명수'이다.

- 자연 생수는 미네랄이 풍부하고 가장 좋은 '생명에너지원'이다.

- 시판중인 과일주스 · 탄산음료 · 청량음료 등 가공음료에는 자연비타민 · 미네랄 등 생명에너지가 적은 '나쁜 음료'들이다.

- 인공첨가제를 넣은 가공식품들은 대다수가 '나쁜 식품'들이다.

- 가열 및 가공을 한 죽은 음료보다는 각종 영양소 등이 살아있는 음료 천연 자연의 '생수(生水)'를 꼭 마셔라.

- 생수는 장에서 바로 흡수가 되고 혈액에 산소공급을 잘 하여 몸속 구석구석의 지방을 잘 태우니 '다이어트'에도 아주 좋다.

- 비만은 유전적 요인과 나쁜 식생활습관이 95%이고, 비만의 유전성과 나쁜 식생활습관만 치유받으면 95% 개선할 수 있다.

- 다이어트로 살을 빼려면 꼭 생수를 마시고, 음식을 오래 씹어 먹고, 운동을 계속하고, 폭식 · 과식 · 야식 등을 꼭 '금지'하라.

- 병원의 환자들도 가공음료수보다는 생수를 꼭 마셔라.

- 페트병 생수는 신선도가 중요하니 '제조 날짜'를 꼭 확인하라.

- 건강관리는 무엇을 어떻게 먹는가가 평생 동안 중요하다.

- 일반적으로 건강에 해를 끼칠 염려가 있는 음식은 '조심'을 하라.

- 특히 포도는 강한 산성 때문에 뼈 · 치아 · 간 등에 해롭다.

- 특히 발아식품인 식혜 · 엿기름 · 엿 등은 뼈를 약하게 한다.

- 특히 밀가루는 동양인에게 간기능 · 뇌기능 · 장기능을 떨어뜨린다.

- 특히 설탕은 신장기능에 해롭고 모든 성인병을 유발시킨다.

- 특히 알코올은 간기능과 뇌기능을 망가뜨리고 빨리 늙어가게 한다.

- 화공약품 착색제 및 표백제와 방부제를 첨가한 식품은 먹지 말라~.
- 임산부는 알코올 · 커피 · 잔류농약 · 방부제 첨가 음식물을 먹지 말라~.
- 상온에서 부패하지 않은 음식물은 모두가 '방부제'첨가 식품들이다.
- 식품첨가제는 대다수가 '화공물질'로써 우리 몸에는 나쁘다.
- 비용이 조금 더 들더라도 이로운 자연물질 및 생약 사용을 검토하라.
- 육류는 항생제와 인공사료를 먹인 것보다는 무농약볏짚 및 자연방목 등으로 잘 키운 질 좋은 것으로 골라 먹으라.
- 생선은 항생제와 인공사료를 먹인 것보다는 '자연산'을 골라 먹으라.
- 조금 비싸더라도 유기농 재배 또는 자연산 식품을 골라 먹으라.
- 과일이나 채소는 햇볕을 듬뿍 받고 자연 노지에서 유기농 재배로 키운 제철에 생산한 것이 우리 몸에 가장 좋은 식품들이다.
- 밀가루는 흰 밀가루보다는 통밀가루가 천연영양소가 풍부하다.
- 설탕은 백설탕보다는 황설탕 · 흑설탕이 천연영양소가 풍부하다.
- 소금은 청정해역의 좋은 바다물 미네랄성분이 풍부한 '자연천일염'이 좋고, 구운소금 · 죽염 · 순수소금은 더욱 좋다.
- 특히 죽염과 순수소금은 식품첨가 및 인체의 모든 민간요법 등 광범위하게 쓰이고 있다.
- 발효식품은 살아있는 효소 생명에너지가 많은 좋은 식품이다.
- 인체는 장내에 발효균과 유익균이 없으면 생명유지를 못한다.
- 인체의 장내에는 식이섬유 섭취와 효소로 '유익균'을 잘 유지하라.
- 매 끼니마다 반드시 한두 가지 '발효식품'을 함께 꼭 먹으라~.
- 무병장수를 하려면 '전통재래식' 된장 · 간장 · 김치 등을 꼭 먹으라~.
- 모든 사람에게는 자기 나라의 '전통발효식품'은 아주 좋은 것이다.

- 모든 열매와 과일은 자연이 만든 위대한 '생명에너지' 선물이다.
- 열매와 과일 그리고 뿌리근채소와 자연식품 등은 위대한 자연이 만들고 영원히 살려고 하는 '생명에너지'가 가장 풍부하게 들어있다.
- 생명에너지가 많이 들어있는 좋은 식품들을 골라서 잘 먹으라~.
- 이 세상에서 가장 훌륭한 의사는 자연식품과 좋은 식사법이다.
- 이 세상에서 가장 훌륭한 의사는 적당한 노동과 좋은 운동법이다.
- 이 세상에서 가장 훌륭한 의사는 마음병을 고치는 심의(心醫)이다.
- 이 세상에서 가장 훌륭한 의사는 영혼들의 병을 고치는 도사이다.
- 이 세상에서 가장 훌륭한 의사는 우주자연의 기(氣)치료법이다.
- 삶을 살다가 정신적으로, 육체적으로, 영적으로 힘이 들거나 또는 변화를 주고 싶거든 자연기후가 좋을 때 1주일 또는 1개월 정도 특별기간을 정해서 오직 나 홀로 말없이 '묵언'으로 산길 또는 바닷길을 트레킹하면서 걷고 또 걷고를 꼭 한 번씩 실천을 해보라. 최고의 '자연치유'가 될 것이다.
- 가끔씩 홀로앉아 침묵 속에서 자기 자신의 '내면 소리'를 들어라!
- 삶을 살다가 가끔씩 멈추고, 자기 자신을 한 번씩 잘 살펴보라!
- 삶을 살다가 가끔씩 자연 속으로 들어가 컴컴한 밤하늘의 빛나는 별들을 올려다 보라!
- 삶을 살다가 가끔씩 자연 속에서 아침과 저녁의 노을을 보라!
- 삶을 살다가 가끔씩 자연 속에서 고요한 휴식을 하라!……
- 아무리 좋은 음식도 체질에 맞지 않으면 오히려 해로울 수가 있다.
- 인체의 체질은 크게 따뜻한 '양체질'과 차가운 '음체질'로 나누고, '4상체질'로 나누며 체질에 따른 음식과 질병치료가 되어야 한다.
- 심장은 인체의 엔진이고, 간장은 인체의 화학공장이다.

- 인체의 화학공장인 간기능이 떨어지면 면역력이 약해지고, 염증이 발생되어 모든 질병으로 확대가 된다.
- 모든 관절염은 간기능이 떨어져 몸안에 염증이 쌓여서 발생을 하니 간기능을 회복시키고, 양방치료와 가장 아픈 곳에 쑥뜸을 뜨고 침술을 잘 받으라.
- 풍치는 나이가 들어가면서 간기능이 떨어져 몸안에 염증이 쌓이고 잇몸에 심한 염증이 생겨 치아가 뽑히는 것이니 젊어서부터 스케일링으로 치아관리를 잘 하고, 잇몸치료는 즉시 잘 받고, 반드시 술을 줄이고 또한 간기능을 회복시켜 핏속에 염증요소를 잘 없애나가라.
- 매일 잠자기 전 꼭 '양치질'과 6개월에 한 번 '스케일링'은 꼭 받으라~.
- 약간의 고혈압은 혈액순환이 좋은 것이고, 문제는 혈관벽이 얇은 사람이 뇌 속의 모세혈관이 터지는 '중풍'이 문제이다.
- 비만은 순환기계통질병을 동반하는 '대사증후군'이 문제이다.
- 아토피는 몸속의 독성물질이 피부쪽에 쌓인 질병이니 먹는 음식과 환경을 바꾸어라.
- 알레르기는 간기능이 약해지고 면역력이 떨어져 민감한 거부반응이니 간기능을 회복시키고, 유발원인물질을 잘 피하라.
- 통풍은 지나친 음주습관과 구운 고기 육류섭취 등으로 간기능이 심하게 훼손되어서이니 술과 고기를 줄이고, 몸에 쑥 뜸을 자주 뜨고 간기능을 회복시켜라.
- 특히 우울증은 뇌기능의 이상에 의한 '심리장애 겸 빙의' 때문이다.
- 우울증은 '신끼'가 있는 사람만 걸리고, 마지막은 자살로 이어진다.
- 신경정신질환은 '신끼'가 있는 사람만 걸리고, 신(神)끼는 업보이다.
- 인체의 모든 질병의 근원은 유전인자와 기 허약 및 체에서 발생한다.

- 원기가 약해지고 늙어가면 간기능이 떨어져 몸안에 어혈 · 염증 · 독성 등이 쌓이게 되고, 특히 몸이 굳고 막히고 체한 것으로 생긴 모든 질병에는 '쑥뜸'이 최선이다.
- 기혈이 막히고 체증이 있으면 수지침과 부황으로 치료를 하라.
- 삶의 억눌린 감정들과 스트레스는 모든 질병의 원인이 된다.
- 스트레스는 신경계 · 내분비계 · 면역계 등의 질병을 초래한다.
- 스트레스는 모든 정신질환과 암 발생을 초래하는 나쁜 것이다.
- 스트레스성 질환은 적절한 분노 표출과 고요한 명상을 꼭 행하라~.
- 삶을 살다가 가끔씩 ① 큰소리로 웃거나 ② 큰소리로 울거나 ③ 큰소리로 비명을 질러보거나 ④ 강하게 물건을 두들겨 때리거나 ⑤ 격렬한 운동 등을 하면서 '감정청소'를 잘 하여라.
- 진실한 고백과 적당한 분노 표출은 '심리치료'의 핵심이다.
- 운이 나쁜 사람에게는 여러 가지 질환 및 질병과 우환이 따른다.
- 형제 및 자매 중에서도 가장 운(運)이 나쁜 사람은 '전생업보'이다.
- 운이 나쁜 사람의 몸은 조상영혼 및 귀신들의 안식처이기도 하다.
- 영매적 신(神)끼 및 빙의로 인한 '다중인격'은 선천성 정신질환이다.
- 자폐증 · 정신착란증 · 조현병 등은 선천성 정신질환이다.
- 혼잣말을 중얼거리는 정신분열증은 선천성 및 후천성 정신질환이다.
- 종교의 맹신자들은 세뇌와 고정관념에 사로잡힌 '정신질환성'이다.
- 분노조절장애 · 주의집중장애 · 성적욕구조절장애 등은 어린 시절부터의 인간관계가 원만치 못해서 생긴 후천성 정신질환이다.
- 만성위장병과 오래된 체증은 대다수가 빙의적 귀신병이다.
- 술주정과 음식과욕은 대다수가 조상 및 타인 영혼의 '빙의' 때문이다.

- 우울증과 자살충동은 대다수가 타인 영혼의 '빙의' 때문이다.
- 각종 장애 및 정신질환은 조상 및 전생의 '업(業)작용' 때문이고, 현재는 대부분 조상 및 타인 영혼이 몸속에 들어온 '빙의' 때문이다.
- 조상 및 타인영혼의 빙의(귀신병)는 즉시 '영혼분리'를 꼭 해주어라~.
- 몸속에 달라붙어 있는 조상 및 타인영혼만 떼어내면 즉시 낫는다!!
- 선천성이든 후천성이든 빙의이든 각종 장애 및 정신질환은 반드시 신통의술 및 도술로 '특수치료'가 꼭 필요하고, 정확한 원인진단과 특수치료로 해결을 할 수 있다!!
- 각종 불치병 및 난치병과 귀신병 및 빙의 그리고 괴질 및 원인을 모르는 질환 등은 도사의 '신통의술'이 대안이다!!
- 특히 암발생은 유전적인 원인과 심리 · 정신 · 환경 등 나쁜 원인들과 빙의에 의해서 이상세포가 만들어지고 무한증식을 하는 것이다.
- 각종 암발생은 그렇게 죽은 조상핏줄내림유전성이 90%이니, 암으로 죽은 '조상영혼치유와 핏줄운(運)내림 소멸'을 꼭 해주어야 한다!!
- 암환자들은 맑은공기 · 맑은생수 · 온돌방 · 황토흙집 그리고 싱싱한 음식과 함께 꾸준한 운동 등으로 '원기회복'을 잘 시켜라.
- 모든 환자들은 면역력 강화를 위해 '림프순환촉진'을 강화시켜라.
- 림프순환촉진은 매일 겨드랑이 마사지와 복식호흡 및 운동 등이다.
- 모든 불치병 및 난치병은 ① 전생업 ② 핏줄유전 ③ 빙의 때문이고, 위의 3가지만 해결하면 불치병 및 난치병은 99% 해결이 된다…….
- 삶을 살아가다가 암에 걸리거나 또는 불치병과 난치병에 걸리거나 또는 질병의 원인을 모르거든 1류급 도사에게 '운명진단 및 상담'을 꼭 받으라~.
- 정확한 '운명진단 및 상담'으로 숨은 원인들과 최선의 치료법을 찾아내어

병원에서 고칠 것은 병원에서 고치고, 그러나 병원에서 못 고치는 것은 마지막 방법으로 '신통도술초능력과 권능'으로 고쳐라~.

• 사람 개인의 타고난 사주와 손금에는 '약 100가지의 운명정보'가 다 나타나 있고, 몇 살 나이에 어떻게 죽을 것인가?가 정확하게 나타나 있기 때문에 운명 속의 예정된 수명나이와 유전성 및 전생(前生) 등을 알아내면 최선의 '치료법'을 완벽히 찾아낼 수 있다.

• 특히, 췌장암 · 폐암 · 간암 등 환자와 심장박동기 · 신장투석 환자와 심장질환 및 고혈압 · 당뇨병 등 환자들과 특별히 손금의 생명수명금이 짧은 사람들은 반드시 자기 자신의 타고난 '수명운'을 꼭 알아두어라~.

• 각 개인의 타고난 사주와 손금의 '수명운'은 정말로 가장 중요하다!!

• 수명운이 나쁜 사람만 불치병에 걸리고 빨리 죽고 큰 사고를 당한다…….

• 이 책을 읽는 독자들에게만 하늘의 비밀 '천기누설'과 함께 삶에서 정말로 중요한 고급정보들을 제공하니, 책 내용을 꼭 '기억'해 두어라~~.

• 사람은 살아있는 동안까지는 운동과 노동을 계속해야 한다.

• 몸을 따뜻하게 하면 면역력이 높아지니 항상 '체온'을 잘 유지하라.

• 사람의 신체는 낮과 밤의 태양주기에 따른 '생체리듬'이 작용한다.

• 생체리듬에 따라 낮에는 일을 하고, 밤에는 반드시 잠을 자라.

• 깊은 밤에는 잠자리에 꼭 들고 반드시 '숙면'을 잘 취하라.

• 인체는 잠을 잘 자야 원기회복과 면역력이 상승된다.

• 인체는 잠을 잘못 자거나 과로를 하면 백약이 다 무효하다.

• 잠을 자는 침실은 반드시 소음과 빛을 '완전차단'을 잘 시켜라~.

• 호흡은 코로 하고 가끔씩 심호흡과 복식호흡으로 '개선'을 하라~.

• 사람의 호흡은 나이 들어가면서 점차로 위로 올라와 가슴호흡을 하다가 마

지막 목에서 깔딱깔딱하다가 죽는다.

- 호흡이 급하고 얕고 위로 올라오거나 맥박이 빠르면 '단명'을 한다.
- 호흡은 천천히 깊숙하게 '복식호흡'을 습관화시켜나가라~.
- 긴장이 되거나 또는 화가 날 때는 '심호흡'을 꼭 해 보라~.
- 깊은 심호흡을 하면 몸이 이완되고 감정과 마음이 가라앉는다.
- 가끔씩은 천천히 깊은 호흡을 하면서 들숨과 날숨의 호흡을 느껴보라~.
- 호흡을 조용히 느리게 하면 수명이 30% 이상 늘어난다.
- 자주 누우면 빨리 죽고, 많이 걸어야 오래 산다.
- 나이가 들어갈수록 반드시 '근력운동'을 꾸준히 해 나가라.
- 근력운동은 언제 어디서나 '평생 동안'을 계속하라.
- 매일 대변은 1번씩, 소변은 5번 이상으로 '배출'을 잘 시켜라.
- 대체로 잘 먹고, 잘 싸고, 잘 자면 삶에는 이상이 없다.
- 세상살이 모든 것은 준비 · 대비를 잘 해야 성공을 하고 지속이 된다.
- 모든 정치인과 연예인 등 유명인들은 항상 '스캔들'을 조심하라.
- 모든 공직자들은 항상 뇌물수수와 구설 및 퇴출압박을 조심하라.
- 모든 사업가는 주식 및 출자지분의 주식명의신탁과 차명재산관리를 잘 하고, 모든 '차명재산'은 항상 손재수와 관재수를 조심하라~.
- 기업가와 사업가들은 자녀들 중에서 금전재물운과 건강수명운 등 가장 운(運)이 강하고 좋은 자녀를 '후계자'로 잘 삼으라~.
- 기업가와 사업가들의 자녀들은 '후계자운과 상속운' 등을 사전에 반드시 알아두어야 인생의 큰 삶을 성공할 수 있다!!
- 모든 기업과 사업은 '오너의 운(運)'이 가장 중요하니 자기 자신의 운(運)을 알아야 하고, 운(運)을 좋게 만들어야 '더 큰 성공'을 이룬다!!

- 국가와 기업의 지도자들은 예리한 관찰과 다양한 관점으로 오늘과 10년 앞을 또한 100년 앞을 함께 바라보는 '통찰력'을 꼭 키우라~.
- 통찰력은 글로벌 세계의 정치 및 경제의 '운(運)흐름' 주시이다!!
- 최저 바닥과 최고 정점 등의 '미래예측능력'은 오직 점(占)술이다……
- 인생살이에 진짜 중요한 것은 정신적 평안함과 생명에너지이다.
- 인생을 잘 살고 싶거든 입·코·뇌로 '생명에너지'를 흡입하라.
- 우주자연의 생명에너지를 흡입하는 가장 좋은 방법은 '명상'이다.
- 명상과 참선 등의 정신수련은 '동양정신문화'의 최고 진수이다.
- 모든 외부적 권력은 허업(虛業)이니, 진짜 '삶의 본업'을 잘 찾으라.
- 진짜 삶의 본업은 '명상'을 통한 의식의 각성과 최고의 깨달음이다!!!
- 나의 진짜 주인공은 나의 의식과 영혼이고 육체는 집일 뿐이다.
- 육체적으로 호의호식을 위한 보편적 성공을 하고, 그 다음에는 반드시 '정신적 성공'을 이루어야 진짜 삶의 성공이다.
- 진짜 삶의 성공을 위해서는 정신·마음·영혼을 꼭 중요시하라~.
- 기도는 간절한 소망이고, 명상은 비움 속의 충만이다!!
- 생활명상을 배우고 터득하여 실천을 하면 모든 종교들이 필요없다.
- 종교들의 기도는 바람의 욕망이고, 명상은 모든 욕망의 '초월'이다.
- 명상은 인체의 감각신경들을 '자신의 내면'으로 향하는 정신수련이다.
- 자기 자신의 의식을 각성시키는 가장 좋은 방법이 '명상'이다.
- 명상은 흐름의 주시이고, 명상수행자는 주시자가 되는 것이다.
- 주시의 방법은 강가에 앉아서 흐르는 강물을 바라보는 것처럼 하라.
- 자기 자신의 내면적인 느낌·감정·사념 등을 잘 '주시'해 보아라.
- 주시를 잘 하면 주인공이 되고, 휩쓸리면 끌려다니는 노예가 된다.

- 모든 감정발생과 마음작용을 지켜보는 '주시자'가 되면 결코 휩쓸리지 않고, 스스로 핵심과 본질을 잘 알게 되어 '주인'이 된다.
- 마음은 변덕과 변심을 잘 하고, 자기합리화를 위해 핑계와 구실로 변명을 잘 하며 교활하게 속임수를 잘 부린다.
- 항상 자기 자신의 마음을 '주시'하면서 긍정심과 한마음으로 나아가라.
- 오직 주시만이 마음작용의 속임수에 끄달리지 않고 '주인'이 된다.
- 모든 기도와 명상을 할 때는 '기(氣)흐름'을 주의깊게 주시를 잘 하라~.
- 신(神·God)은 빛(Light)과 소리(Sound)로 의사 전달을 한다.
- 기도와 명상을 시작할 때는 1시간 정도의 예상한 시간만큼은 스마트폰 등 외부방해물과 잡생각 등 내부방해물을 모두 없애라.
- 기도와 명상을 하는 장소는 오염되지 않은 생기(生氣)가 넘치는 자연속이나 또는 특별한 장소나 또는 방에서 하라.
- 명상·묵상·참선 등을 할 때는 눈을 감고, 내면의 눈으로 몸과 마음의 상태와 변화흐름을 잘 '의식'을 하라.
- 주시하는 '의식'이 당신의 가장 내밀한 핵심이고 주인공이다.
- 마음의 중심을 '호흡'에 올려놓고 들숨은 깊게 날숨은 길게 하라~.
- 사람의 호흡은 심리상태와 긴밀하게 연관이 되어 있다.
- 날숨을 길게 내쉬면 '이완'이 잘 되면서 스스로 안정과 평온이 된다.
- 고급기술인 '신통술기도와 초월명상'을 하고자 할 때는 반드시 이마의 가운데 부위 '상단전명궁'에 의식을 집중시키고 몰입을 계속하라~.
- 이마의 가운데 부위 '상단전명궁'속에는 전두엽이 있고, 전두엽은 뇌의 총사령부 역할을 한다.
- 뇌의 총사령부 앞이마 상단전명궁은 모든 '정신수련'의 중요한 곳이다.

- 기도와 명상 등 '정신수련'을 행할 때는 우주하늘자연의 기운(氣運)이 몸속으로 들어오고, 몸에 '진동과 떨림'이 일어나면 자연스레 온전히 내맡기고, 느끼는 대로 멈추지 말고 계속 따라 가면서 충족히 될 때까지 온몸으로 기(氣)에너지와 하나가 되면서 '삼매지경'까지 이르러라~.
- 처음부터 끝날 때까지 그 과정을 관찰 및 관조로 '주시'를 잘 하라~.
- 삼매지경에 도달해야 '초월의식'이 되면서 시간과 공간이 없어지고, 과거로 미래로 또한 이곳에서 저곳으로 '순간이동'이 가능해지고, 모든 신(神 · God)들을 직접 볼 수도 있고 소통을 할 수 있게 된다.
- 모든 명상기도는 완전히 몰입이 된 삼매지경의 '순수상태'에 들었을 때 그때야 비로소 '우주하늘자연과 합일체'의 세계가 열리게 된다.
- 삼매지경의 '초월의식과 순수의식'이 되어야 스스로 "아뇩다라 샴막 삼보리"가 증득되고, 전지전능으로 해탈경지의 붓다가 되는 것이다.
- 명상기도로 신통도술의 초능력을 가지면 그대로 몸을 가진 신(神 · God)의 경지가 될 수 있고, 이것이 손도사의 STM(신통술초월명상) 기도명상 가르침이다…….
- 모든 기도와 명상은 일념(一念)에서 무념(無念)으로 진행을 하라.
- 축복을 받고 싶은 사람은 오직 복(福)을 주는 신(神)만을 불러라.
- 죽을 때까지 희망고문인 불확실한 죽은 후의 천국행 및 극락행의 축복을 기대하기보다는 살아있을 때의 '확실한 축복받음'을 빌어라.
- 살아있을 때 행복하지 못한 영혼은 죽은 후의 축복이란 결코 없다.
- 살아있을 때의 축복을 주는 신(神)은 '천복대신'이 최고이다!!
- 특히, 돈복을 얻고자 할 때는 '천복대신(天福大神)'을 불러라. 천복대신을 4박자 리듬으로 '주문(呪文)처럼' 100일 이상을 계속 외워라~.

- 천복대신을 100일 이상 계속 외우면 반드시 '횡재'를 얻는다.
- 일정한 반복된 소리를 계속하면 인체의 뇌에 '화학작용'이 일어난다.
- 사람의 뇌는 특정한 '주제방향'으로 더욱 팽창을 하려한다.
- 사람의 뇌는 분노와 고통 등의 '부정적 감정'에는 더욱 민감하다.
- 뇌의 부정적 편향성들은 명상과 선정을 통하여 긍정적 편향성으로 바꿀 수 있고 초능력 등 사람의 뇌는 무한개발이 가능하다.
- 뇌는 모든 동물의 신체기관 중에서 가장 중요하다.
- 뇌의 질량은 약 1.5kg이고, 몸무게의 약 2%이며, 유전자의 약 80%가 두뇌에 할당되고, 약 1천억 개의 뉴런의 '신경망'으로 연결되어 있다.
- 사람의 뇌는 세상에서 가장 정교한 신경기계장치이다.
- 사람의 뇌는 무엇인가 열중할 때마다 '변화'를 계속한다.
- 뇌는 특정한 주제를 100일 이상 계속하면 '뇌 회로'가 새로 형성이 된다.
- 집중으로 공부와 기도 및 명상 등을 할 때는 100일 이상을 계속하라~.
- 기도와 명상을 할 때 뇌파동은 관련된 '우주자연존재계'의 주파수와 상호연결이 되고, 반드시 주파수가 맞아야 반응과 응답이 주어진다.
- 염력과 뇌파 및 텔레파시 그리고 신통력은 '무한개발'이 가능하다.
- 진정한 삶의 목표인 자기 자신의 영혼진화와 구원을 소망하는 사람은 먼저 신통술기도로 '신통'부터하고, 그 신통력으로 점점 의식을 각성시켜서 알아차림과 고차원의 '깨달음'을 이루어 나아가라~.
- 사람의 뇌와 의식은 저차원에서 고차원까지 '여러 단계'가 있다.
- 보통사람들은 90% 정도가 '무의식상태'로 그냥 일상생활을 한다.
- 무의식상태의 삶에서 얼차리고 의식을 가진 삶을 꼭 살아가야 한다!
- 의식과 의식의 각성은 잠에서 깨어나는 '정신 차림'과 같다.

- 사람은 의식과 잠재의식이 합칠 때 최고의 '뇌능력'을 발휘한다.
- 잠재의식 속에는 지난 전생 과거의 기억들이 모두 '저장'되어 있다.
- 명상과 참선 등을 수련하면 잠재의식을 표면의식으로 끌어 낼 수 있고, 의식은 표면의식 · 잠재의식 · 심층의식 · 초월의식 · 우주의식 · 순수의식 등으로 구분을 하고 또한 '무한정 개발'이 가능하고 증명할 수도 있다…….
- 모든 의식세계의 끝을 지나면 흰빛의 '순수본성'을 만날 수 있다.
- 순수의식과 순수본성을 가진 영혼체는 육체에서 분리되어 '유체이탈'도 가능하고, 우주자연계에 '순수에너지'로 존재할 수 있다.
- 보통의식이 신통의식 · 초월의식 · 우주의식 · 순수의식까지 이를 때 비로소 순수에너지로 변환이 되어 인간이 '신(神)'이 될 수 있는 것이다…….
- 인간이 신(神)으로 승격이 되면 초능력의 '전지전능자'로 존재하게 된다.
- 초능력의 전지전능자가 되고자 하는 방법이 '천기신통초월명상'이다.
- 천기신통초월명상은 누구나 '신통력'을 가질 수 있는 최고 기도법이다.
- 천기신통초월명상을 하면 자연스레 7가지 신통력이 생기고, 이마 가운데 제3의 눈이 열리고 스스로 '도통'을 얻게 된다.
- 천기신통초월명상을 하면 최고의 깨달음 "아뇩다라 샴막 삼보리"를 빠르게 증득할 수 있다.
- 천기신통초월명상을 하면 운(運)을 마음먹은 대로 움직일 수 있다.
- 천기신통초월명상을 하면 마음대로 유체이탈과 하늘로 올라갈 수 있고, 또한 마음대로 환생과 부활을 할 수 있다.
- 천기신통초월명상으로 정신완성을 이룬 고급영혼은 '영생불사'가 된다.
- 빈손으로 왔지만 빈손으로 가지 말라. 반드시 '깨달음'을 이루어라~.
- 깨달음을 이룬 '고급영혼'은 영원한 자유를 얻고 행복을 누린다.

- 진정한 삶의 행복은 삶의 본질을 깨달아 '완성'을 이루는 것이다…….
- 인생의 '우선순위'는 현실을 직시하면서 먼저 큰돈도 벌어보고, 권력도 잡아보고, 출세도 해보고, 그리고 다음으로는 정신과 마음 그리고 영혼을 위한 진정한 '깨달음의 행복'을 꼭 찾아 보아라~.
- 돈은 삶의 귀중한 방편이고, 깨달음은 삶의 귀중한 목표이다.
- 깨달은 사람만이 깨우침을 줄 수 있고, 빛만이 어둠을 밝힐 수 있다.
- 종교들의 희망고문인 죽은 후 극락행과 천국행에 결코 집착을 말라~.
- 모든 집착은 미끼 속의 낚싯바늘처럼 '구속과 노예'로 만들어 버린다!
- 종교 세뇌 및 굴레의 구속과 노예로부터 즉시 '탈출'을 하라~~.
- 21세기 자본주의와 제4의 물결 기술과 정신의 '혁명시대'에서 3천년 전에 만들어진 옛날 종교와 신흥 사이비종교 등 종교에 빠진 사람들은 대다수가 선량하지만 무식하고, 무능하고, 나약하고, 가난뱅이들이다.
- 제4의 물결 정신혁명시대에는 종교들도 반드시 '개선'이 되어야 한다.
- 자연의 섭리와 순리를 알고 도리를 따르면 그것이 '삶의 본질' 도(道)이다.
- 도(道)는 태초부터 모든 학문과 종교들의 근본이고 시원이다.
- 삶은 반드시 잘 살아야 하고, 나이 들고 노년이 되거든 이제 '무욕(無慾)의 경지'에 올라 다 내려놓고, 인생의 마지막 단계 공(空)으로 돌아가야 한다…….
- 혼돈과 불확실한 21세기 금세기에는 많은 '대재앙'들이 발생을 한다.
- 금세기의 대재앙은 세계 도처에서 발생하는 '바이러스 괴질' 전염병이다.
- 금세기의 대재앙은 지진·화산폭발·가뭄·홍수·태풍·전쟁 등이다.
- 우리는 현재 다양한 생명위기의 '재앙들'앞에 노출되어 있다.
- 어떠한 시련과 고난이 닥칠지라도 우리는 살아 남아야 한다.

- 끝까지 살아남아서 반드시 승리의 역사를 만들어 가야 한다.
- 육체는 죽을지라도 '선택받은 이름과 영혼'은 결코 죽지 않는다.
- 선택받은 이름과 영혼이란 '선행공덕'을 많이 행한 사람의 이름과 많은 깨우침으로 '깨달음'을 이룬 금강석같은 정신을 가진 영혼이다.
- 정신력이 똘똘 뭉치면 스스로 우주공간에서 '영생불사'로 존재하게 된다.
- 살아있을 때도 잘 살고, 죽어서도 잘 사는 그 '방법'을 꼭 배우라~.
- 삶이란, 지금 오늘의 선택과 행동을 어떻게 하는가?이고 행복!이다.
- 21세기에 가장 잘 사는 성공적인 삶은 ① 부유함 ② 무병장수 ③ 깨달음 등을 함께 '인생 3박자'로 성공시키는 방법론의 실천이다…….

이상 위에 기록한 생존과 성공기술 그리고 많은 깨우침과 행복을 위한 '손도사 어록'은 불특정다수의 '보통사람들'을 위해서 필자가 평생 동안 공부하고 체험한 것들의 '경험지식'을 직접 육필로 글을 써서 진심으로 가르침을 주고자 한 것들입니다.

이 책은 책 100권 분량의 지식들을 책 1권에 함축한 '종합 실용지식 전달'의 좋은 책이고, 21세기 현대인들의 '필독서'라고 진심으로 생각합니다.

공감과 동의를 하십니까?

동의를 하신 독자님들은 성공출세와 부자가 되어 행복하게 됩니다.

이제, 이 책을 읽은 독자분들은 이 책을 '한 가정에 1권씩' 꼭 보관을 하면서 가끔씩 또는 어려움에 처해 있을 때 또다시 읽어보면서 한평생 동안 인생 3박자 · 3단계 · 3위1체론적 성공방법의 '지혜'와 인생살이의 '지침'으로 또한 '등대불'로 꼭 삼으시길 진심으로 바라는 바입니다.

어떤 경로를 통하든, 이 책을 읽고 나서 책의 내용이 '참 좋구나!' 또는 인생을 잘 살기 위해 '꼭 필요하구나!'라고 생각이 되면 SNS에 '좋은 책 추천'으로 정보공유와 함께 추가로 '책 구입'을 해주고, 또한 친구·친척 및 자녀들에게 그리고 사람들에게 선행으로 '책 선물'을 많이 해주시길 진심으로 바라는 바입니다.

이 책의 구입과 추가구입 방법은 발행한 출판사 및 총판 또는 교보문고, 영풍문고, 반디앤루니스, 계룡문고, 영광도서, 탐라도서 등 '전국서점'에 또는 예스24, 알라딘·인터파크도서·커넥츠북·도서11번가, 쿠팡, 인터넷 교보문고, 영풍문고 등 '온라인서점'에 책 주문을 하시면 언제나 또는 누구나 '책 구입'이 가능합니다.

스마트폰으로 책 제목을 '검색'하면 즉시 책 구입이 가능합니다.

책 한 권으로 평생 삶을 잘 살 수 있다면 투자할 만하지 않습니까?!

이 책을 한 번이라도 읽은 사람들은 평생 동안 잘 살게 됩니다…….

이 책의 원제목은 '한 번 읽고 영원히 잘 사는 운명천기누설의 보물책'으로 물질과 정신이 함께 부자가 되는 많은 가르침과 반드시 잘 살기 위해서는 꼭 한 번씩 읽어둬야 하는 '21세기 필독서'입니다.

필자는 모든 사람들 및 영혼들의 번뇌와 고민 그리고 가난과 질병 그리고 불행과 죽음 등의 고통으로부터 진심으로 '도움'을 주고자 합니다.

모든 사람들을 성공 및 출세와 부자로 만들어주고, 모든 영혼들을 극락 천국으로 인도해 드리겠습니다…….

책 마무리 글

우리들 인생의 큰 화두, 나는 누구인가? 너 자신을 알라!!

"나는 어디로부터 와서 이 세상을 어떻게 살다가 언제 어느 곳에서 어떻게 죽게 될 것이며, 죽어서 내 영혼은 또다시 무엇이 되어 또 어디로 가게 될 것인가???……."

이 책을 읽은 독자분들께 '공개질문'을 드리겠습니다.

이 세상에는 많은 대학교들이 있고 수많은 책들이 있으며 또한 많은 종교들이 있고 수많은 경전과 성경책이 있습니다.

인생은 운(運)이 가장 중요하건만, 대학교에서는 실제 삶에 필요 없는 것을 가르치고, 종교들은 2천년 동안 거짓말만 해오고, 실제로 귀신도 정신병도 살(殺)도 해결해 주지 못하며 코로나바이러스조차도 못 물리치고 있습니다.

오히려, 코로나바이러스 백신을 개발한 '과학자'와 세계 1등 손금풀이 겸 운명치료사인 '손도사'가 구세주가 되고 있는 것이 현실이 되고 있습니다.

많은 사람들이 어제도 오늘도 신(神)들께 기도를 하지만, 가르쳐 주는데도 그 말씀들을 듣지 못할 경우에는 어떻게 해야 할까요?

99%의 보통 사람들을 위해서 손도사가 존재하는 이유입니다.

이제부터는 '손도사'가 가르쳐 드리고 해결해 드리겠습니다…….

손도사는 현재 신통초월명상기도와 운명학을 계속 연구하고, 사람의 타고난 사주와 손금으로 그 사람의 소질발견 및 성격분석과 운명진단을 동시에 함께 봐주는 '손도사 종합운명감정'을 해 주면서 한반도의 백두대간 최고 명당자리 '강원도 속초시 도문동 산306번지' 설악산에 약 4만 평 그리고 '경상남도 하동군 범왕리 산100번지 지리산에 약 2만 평 등에 나라와 백성이 잘되게 하기 위해 공익사업으로 대한민국 '신전(神殿) 국사당' 건립을 준비해 나아가고, 세계인류공익을 위해서는 동양인 및 서양인과 모든 민족 및 사람들에게 '공통적용'을 할 수 있고 사람 개인의 타고난 소질발견 및 성격분석과 운명진단을 정확히 비교분석 및 판단을 해 볼 수 있는 《손금풀이 도해》 보급 및 활용을 세상 끝까지 알려드리고 있습니다.

이것은 손도사(道人 겸 神人)가 완성해야 하는 하늘의 사명입니다…….

손도사는 현재 아무런 구속의 굴레 없이 '대자유'로 살면서 대외적인 사업업무는 한국 정치권력의 1번지 서울 종로3가 '국일관' 사무실에서 사람을 만나고, 상담업무는 서울 태릉지역의 지하철 1호선·6호선 '석계역' ③번 출구 10m 앞에서 상담을 합니다.

주소는 서울 노원구 화랑로 355, 우남 101동 201호입니다.

서울 손도사 상담실은 대중교통과 자동차 '무료주차'가 편리합니다.

손도사를 찾아 올 때는 반드시 사전에 '전화예약'을 하고, 손도사가 있는 곳으로 직접 본인 또는 당사자가 찾아오셔야 더욱 정확합니다.

평생 꼭 한 번, 만남예약은 010-5105-5000번입니다.

글 내용 속에다 '정보제공'을 해주는 것은 손도사의 도움이 꼭 필요한 사람들에게 진심으로 '도움'을 주기 위해서입니다.

하늘의 순리를 따르다보니 손도사도 이제 환갑을 훌쩍 넘겨 버린 나이이기 때문에 후인들을 위해 '인류지식유산'으로 귀중한 책을 세상에 내어 놓으면서 정식으로 존재를 알리는 바입니다…….

진심으로 모든 사람들에게 '공개전달'을 드립니다.

혹시나, 현재 장사영업 및 개인사업과 기업이 부도 직전이거나 또는 공부가 안 되거나 취업 및 승진이 안 되거나 또는 지자체장 및 지방의원이나 국회의원 등 선거에 출마하고 싶거나 또는 단체장·기관장·기업체의 대표·사장·회장으로 발령 및 선임이 되고 싶거나 또는 결혼을 앞두고 궁합을 보고 싶거나 또는 결혼을 못하고 있거나 이혼 및 재혼을 생각 중이거나 또는 돈떼임 및 금전사기를 당하고 있거나 또는 정말로 운(運)이 안 풀리거나 또는 불치병 · 난치병 · 핏줄대물림병 · 귀신병 · 온갖 빙의에 걸려 있거나 또는 관재구설 및 망신살 · 역마살 · 고독살 그리고 종교세뇌가 되어 인생을 망치고 있는 맹신살 및 평생 가난의 빈천살 등으로 불행하거나 또는 편안한 죽음준비가 안 되어 있는 사람들과 정말로 자기 자신의 인생과 자녀들의 인생을 성공 및 출세로 부자가 되고 싶고 행복하고 싶은 사람들은 경영학 · 경제학 · 금융학 · 부동산학 · 동양철학 · 주역학 · 심령학 · 종교학 · 민속학 · 신통초월명상술 · 점(占)술 · 운명치료술 등의 '만능박사'이고, 신통도술의 '초능력자'인 필자 손도사를 꼭 한 번 찾아오시길 바라고, 누구나 살아있는 동안에 손도사를 꼭 한 번은 만나야 함을 전달 드리는 바입니다……

　신분이 누구든 또는 무엇이든 찾아와 물어보시길 바랍니다~~.

　정확한 운명진단과 인생상담으로 당신의 삶을 꼭 '성공'시켜 드립니다..

　끝으로, 손도사가 평생 동안 직접 체험으로 얻은 경험지식을 기록한 이 '보물책'을 학술연구자료로 대학도서관과 삶의 정보전달로 공공도서관 등에 '비치용'으로 전달하면서 함께 절반 정도는 전국의 유명서점과 온라인 서점에 유통을 시키는바, 책 내용과 정보가 정말로 유익하다고 생각되시면 도서추천과 선물용으로 또한 한 가정에 1권씩 필수 구비용으로 추가구입을 당부드립니다 ~~.

손도사는 정말로 귀중한 이 보물책이 사람들에게 전달이 되고 또한 읽혀지고 그리고 모두가 함께 잘 살기를 진심으로 소망합니다…….

한국 최고 운명진단가 겸 인생상담가 **손재찬** 도사 전달드림.